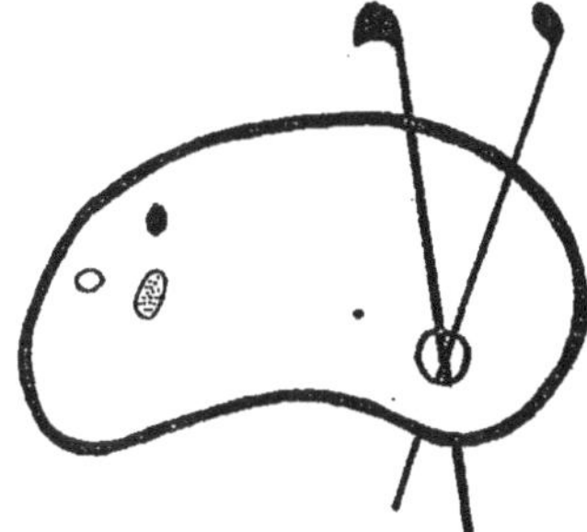

ORIGINAL EN COULEUR
NF Z 43-120-8

Couverture inférieure manquante

ITINÉRAIRE

DE

TANGER A RBAT'

PAR

CH. TISSOT

Envoyé extraordinaire et ministre plénipotentiaire de France au Maroc.

EXTRAIT DU BULLETIN DE LA SOCIÉTÉ DE GÉOGRAPHIE

(SEPTEMBRE 1876)

PARIS

LIBRAIRIE CH. DELAGRAVE

ÉDITEUR DE LA SOCIÉTÉ DE GÉOGRAPHIE

58, RUE DES ÉCOLES, 58

1876

ITINÉRAIRE

DE

TANGER A RBAT'

Malgré sa proximité de l'Europe le Maroc est, sans contredit, la région de l'Afrique septentrionale sur laquelle nous possédons le moins de renseignements exacts. Son littoral n'a guère été étudié qu'au point de vue hydrographique et nos reconnaissances se sont arrêtées là même où s'arrête le flot. Nos cartes de l'intérieur ne sont encore, comme l'a fait remarquer M. Vivien de Saint-Martin, que des approximations et des ébauches. Dressées sur des renseignements indigènes ou d'après un petit nombre d'itinéraires parfois aussi difficiles à relier dans l'ensemble qu'à concilier dans les détails, elles n'offrent qu'un canevas destiné à attendre longtemps encore, selon toute apparence, les indications précises qui peuvent seules le remplir utilement (1).

(1) La « Description du Maroc », publiée par M. Renou dans le tome VII, de l'*Exploration scientifique de l'Algérie*, n'en est pas moins une œuvre des plus méritoires, au point de vue de l'érudition et de la critique, et la carte publiée en 1848 par le Dépôt de la guerre est aussi exacte qu'elle pouvait l'être, eu égard aux éléments qui ont servi à la rédiger. Elle est très-supérieure à ce qui a été publié depuis, et notamment à la carte allemande, publiée en 1865 dans les *Mittheilungen* du docteur Petermann, d'après les données fournies par M. Gérard Rohlfs. Il est regrettable qu'en cette circonstance, le savant géographe de Gotha n'ait pas contrôlé avec sa sagacité habituelle les matériaux sur lesquels s'appuyait son travail. Je n'ai pas cru devoir relever, au fur et à mesure que l'occasion s'en présentait, les erreurs nombreuses de la carte dont il s'agit. Je me borne à constater que la plupart des localités sont déplacées, même dans la région la mieux connue. Pour ne citer que des exemples empruntés à la province de

Le travail que je soumets à la Société de géographie a pour but de combler quelques-unes de ces lacunes. Les observations qui y sont consignées ont été recueillies dans les trois voyages que j'ai faits, le premier à Fès, en octobre et novembre 1871, le second à Sla, en janvier et février 1874, le troisième à Meknès, aux mois de mars et d'avril de la même année. La carte qui accompagne ces itinéraires a été complétée par les détails recueillis dans les nombreuses explorations partielles auxquelles je me suis livré pendant mon séjour au Maroc.

Je ne pouvais songer à ajouter au petit nombre de données que nous possédons sur la géographie astronomique du Maroc ; mais j'ai cherché à déterminer plus exactement, par une série d'observations faites de différentes stations dont la position était certaine, deux points qui offrent un très grand intérêt pour la topographie de la

Tanger, la carte de M. Rohlfs étend jusqu'au littoral occidental le district d'Andjera, borné en réalité au massif qui s'étend entre le détroit et la route de Tanger à Tétouan ; elle indique, au sud du cap Spartel, une tribu des *Beni Akabet el Hamra*, la tribu de « la Montée rouge » : il n'a jamais existé, j'ai à peine besoin de le dire, de tribu de ce nom, et l'*Akabat el Hamra* « la Montée rouge » est la partie de la route de Tanger à Fès qui traverse le massif de *Dar Ak'laou*, massif que M. Rohlfs place au sud de l'oued el Aïacha, alors que toutes les relations antérieures le signalent à 4 heures au nord de l'Aïacha, entre le Mharhar et le Mechrâat el Hachef. Le point si connu d'Aïn Dâlîya, situé à 2 heures 30 minutes de Tanger, subit un déplacement analogue : la carte allemande l'indique à 4 heures de Tanger sur la rive gauche du *Mughâga*, nom estropié du Mharhar. Elle indique entre Souâni et l'Atlantique un Oued Emkhazen qui n'existe pas, pas plus que le Djebel Amar au nord duquel ce fleuve imaginaire déboucherait dans l'Océan. Le véritable Oued Emkhazen, devenu l'*oued el Mkhazen*, est indiqué comme se jetant dans la mer à el Araïch, après avoir baigné Tchemmich et reçu le Loukkos, alors que c'est le Loukkos qui reçoit l'oued el Mkhazen bien avant de baigner Tchemmich. Il semble, en un mot, que l'auteur ait ignoré ou qu'il ait voulu rejeter tout ce qui avait été constaté avant lui, pour substituer aux données les moins douteuses les indications les plus arbitraires. Je ne parle pas des étranges métamorphoses que subissent les noms arabes ; on devine ce qu'ils peuvent devenir lorsqu'on voit le nom si connu du Chérif d'Ouezzan, Sidi Abd es Selam, dont M. Rohlfs a été longtemps l'hôte, se transformer en *Sidi Absalom*.

partie occidentale du royaume de Fès : le Djebel S'arsar
et le Djebel Tselfat. C'est à ces deux sommets, simultané-
ment visibles de tous les points du bassin du Sbou et du
littoral compris entre Moula Bou Selham et Mehdîa, que j'ai
rattaché le plus grand nombre des localités indiquées dans
mon itinéraire. Les distances ont été mesurées au pas du
cheval que j'ai constamment monté dans mes voyages et
qui m'a toujours donné une moyenne de 7000 mètres par
heure. Les coefficients de réduction ont été calculés, suivant la nature du terrain, d'après les règles que l'observa-
tion a fait établir.

Quant à la transcription des mots arabes, j'ai adopté le
système recommandé par la commission chargée de l'exploration scientifique de l'Algérie, en me servant cependant,
pour représenter le *r'aïn*, du signe *gh* toutes les fois qu'il
m'a paru rendre plus fidèlement que le signe *r'* la prononciation de la lettre arabe. Il est à remarquer, en effet, que
le *ghdïn* ou *raïn* n'a pas toujours la même valeur : si cette
articulation se rapproche de l'R grasseyée dans certains
mots, comme *Bar'la, sr'ir*, dans d'autres au contraire,
comme *ghdir, gharb*, elle participe davantage du *gh*; cette
dernière forme me paraît être, en somme, l'équivalent le
plus exact du *ghaïn*. On sait, du reste, que les nomades du
Sahara le transforment souvent en *g* dur.

I

DE TANGER A SLA.

Le Gharb et le bassin inférieur du Sbou.

La région comprise entre Tanger, Sla et Meknès présente quelques traits généraux plus faciles à saisir sur le
terrain que sur nos cartes.

De Tanger à El'Araïch et K'sar el Kébir, le pays offre l'aspect d'un plateau accidenté, incliné vers l'Océan et dont

les principales ondulations sont parallèles à la chaîne du
Rif. La plupart des cours d'eau qui le traversent, l'Oued el
Kharroub, l'Oued el Aïacha, l'Oued el H'alou, l'Oued Loukkos,
coulent du S.-E. au N.-O. Quelques vallées secondaires sont
cependant parallèles au littoral et courent par conséquent
du N.-N.-E. au S.-S.-O. ou réciproquement. Le plateau que
nous décrivons est borné à l'est, et à peu de distance de la
route de Tanger à Fès, par les derniers contre-forts du
massif rifain, composé de plusieurs chaînes à peu près parallèles au littoral de la Méditerranée, et dont la plus
occidentale est la seule dont nous connaissions les principaux sommets.

La contrée qui s'étend au sud d'El'Araïch et de K'sar el
Kebir, entre la vallée du Loukkos et le bassin du Sbou,
présente un caractère analogue, bien que beaucoup moins
marqué. Le plateau projeté entre les deux fleuves par le
massif du S'arsar est moins élevé et surtout moins accidenté que le précédent; comme le précédent, d'ailleurs, il
s'abaisse graduellement vers l'Atlantique. Le plateau de
Gharb se termine au sud par une série de collines qui s'é-
tendent depuis les contre-forts méridionaux du massif du
S'ars'ar jusqu'à l'Océan.

Au sud de ces hauteurs, le bassin inférieur du Sbou,
borné au N.-E. par les montagnes du Rif, à l'E. et au S.-E.
par la chaîne du Tselfat et du Djebel Out'il'a, au sud par
les montagnes de Guerouân et des Zemmour Chleuh',
forme cette immense plaine d'Asgar qu'une tradition locale
recueillie par Jean-Léon, affirme avoir été autrefois baignée
par les flots de l'Océan. Élevé de quelques mètres à peine
au-dessus du niveau de la mer, le bassin du Sbou, dans
une étendue de vingt lieues de l'est à l'ouest, de douze ou
quinze lieues du nord au sud, n'offre aucun accident appréciable. A peine le regard est-il arrêté à l'horizon par le
profil des hauteurs qui limitent la plaine. Le trait caractéristique de cet immense bassin est son régime hydrogra-

phique. Les eaux descendues de l'amphithéâtre montagneux qui le circonscrit ne trouvant ni une pente suffisante
ni des accidents de terrain assez marqués pour déterminer
leur écoulement régulier, s'arrêtent avant d'arriver au Sbou
et forment, sur ses deux rives, une série de marais qui ne
communiquent avec le fleuve que dans la saison des pluies.
C'est ainsi que l'Oued Mda, au nord, forme la Merdja'a du
Gharb et le lac de Râs ed Doura; l'Oued Beh't, au sud, la
Merdja'a des Beni Ah'sen.

Le terrain se relève au sud de l'estuaire du Sbou. Depuis
Mehdîa jusqu'au Bou Ragrag, le massif montagneux des
Zemmour Chleuh' projette un troisième plateau qui pré-
sente la même physionomie que les deux précédents.

J'aborde maintenant la description détaillée de la région
dont je viens de retracer les principaux traits, et je reproduis, pour arriver à une plus grande précision, le journal
de mon voyage.

§ 1. — De Tanger à El'Arâïch.

25 janvier 1874. — Partis de Tanger à neuf heures du
matin, nous campons à trois heures sur le plateau d'El-
Gharbîa.

A vingt minutes de Tanger, au sortir des vergers qui entourent la ville, on franchit l'Oued Souâni au pied de la colline que couronne le village du même nom. Un quart
d'heure après on laisse à gauche le *Dchar* des Beni Makada,
puis un peu plus loin ceux de Ben Dibân et des Beni Ouria-
ghel. Le mot *Dchar* (1), au pluriel *Dchour*, désigne dans le
dialecte marocain un centre de population fixe par opposi-
tion au *Douar*, composé de tentes, et relativement nomade
en ce sens qu'il se déplace, mais dans un rayon toujours

____

(1) دشر Telle est la véritable orthographe de ce mot qu'on écrit habi-
tuellement *Tchar, Tchour*.

assez restreint. Le Dchar est essentiellement berbère, le Douar est toujours arabe, et cette dernière définition serait plus exacte encore que la première, puisque les indigènes refusent le nom de Dchar aux quelques Douars sédentaires qu'on rencontre au Maroc.

A une heure de Tanger, la route passe entre les hauteurs sur lesquelles sont situés les deux Dchour de B'hareïn (1).

La colline qui domine le col, à gauche, est le point le plus élevé du plateau que nous traversons et forme, en se prolongeant vers le sud-est jusqu'à Zinât, la ligne de partage des eaux des bassins de Tanger et du Mharhar.

Des hauteurs de B'hareïn le regard embrasse, dans son ensemble, le premier de ces deux bassins, circonscrit, au nord, par le détroit, de la pointe Malabat au cap Spartel ; — à l'est, par les collines qui s'étendent en amphithéâtre, de cette même pointe aux montagnes des Beni Ms'ouar ; — au sud, par la chaîne des collines d'Aïn ed Dâlïa, de Zeïtoun Bougdour, de Hadjeriîn et de Souïar, parallèle à celle du cap Spartel ; — à l'ouest, enfin, par l'Océan.

Le bassin de Tanger peut se subdiviser d'ailleurs en trois régions distinctes :

1° Le bassin du Cherf, dont les eaux se jettent dans le golfe. Le plus considérable de ces cours d'eau est l'Oued Mghoura qui reçoit, au nord de la colline du Cherf, l'Oued Souâni et l'Oued T'andja el Bâlia. Les principaux centres de population sont : *les Dchour d'Ech Cherf, de T'andja el Bâlia et de Mghoura*, situés sur trois collines dont la première, complétement isolée, sert de direction aux navires qui mouillent sur la rade de Tanger.

2° Le massif du cap Spartel, ou *Djebel*. Séparé du plateau de Marchân, sur la pente orientale duquel est bâti Tanger,

(1) *B'hareïn*, « Les deux mers » ; on découvre en effet de ce village le détroit de Gibraltar et l'Atlantique. La légende locale explique ce nom en affirmant que les deux mers se réunissaient autrefois au pied des collines de B'hareïn.

par une étroite coupure qui donne passage à l'Oued el Ihoud
(la rivière des Juifs), il projette, au sud-est, un éperon qui
porte le nom de Bou-Bâna, et renferme un certain nombre
de Dchour, dont les principaux sont : El Djebel, Misnâna,
Ez Zièten, A'mmâr, Mghâïar et Mediouna.

3° Le bassin de Bou Khalf, limité au nord par la chaîne
du cap Spartel, à l'est par la ligne de mamelons qui s'étend
de Zièten à Bou A'mmâr, au sud, par les collines de Zeïtoun Bou Gdour et de Hadjeriîn. L'Oued Bou Khalf, formé
par les cours d'eau qui descendent du Djebel, se jette
dans l'Atlantique entre les mamelons d'El Mrîès (1) et la
colline de Djebila, le mont Nipple de nos cartes marines.

L'Oued Bou Ghaddou, qui prend sa source dans le bassin
de Bou Khalf, en sort par l'étroit défilé qui sépare les hauteurs de Zeïtoun Bou Gdour de celles de Hadjeriîn et se
jette dans l'Océan après avoir contourné la colline de Souïar
ou Agadir (2).

Les principaux villages du bassin de Bou Khalf sont ceux
de Djebila, Bou 'Amar, près duquel se trouvent les ruines
d'une ancienne forteresse arabe, Chouik'reuch, Hadjeriîn et
Dchar Rifin, colonie rifaine établie sur le versant septentrional du Zeïtoun Bou Gdour.

La population de toute la partie de la province de Tanger
que je viens de décrire est d'origine berbère, bien qu'elle
ne parle que l'arabe. Le sol est médiocre, mais soigneusement cultivé.

Des hauteurs de Bh'areïn, la route qui conduit de Tanger
à Fès descend, à travers une plaine ondulée, vers la pointe
orientale de la colline d'Aïn ed Dâlia, « la fontaine de la
vigne », qu'elle atteint à une heure et demie de Bh'areïn,
un peu au delà d'Aïn el 'Acel « la fontaine du miel ». C'est
par erreur que M. Delaporte a placé cette dernière localité
au sud de la première.

(1) المريس « Les petits ports ». Les indigères prononcent *Amriès*.

(2) Le mot berbère *agadir*, synonyme de *souïar*, désigne un « rempart »,
une « enceinte fortifiée ».

On remarque entre la pointe d'Aïn Dâlïa et le Mharhar, quelques vestiges de l'époque romaine. Ces ruines portent le nom de *Souïar* (les petits remparts).

La plaine, ou pour mieux dire la large et profonde vallée qui s'étend d'Aïn Dâlïa jusqu'à l'Atlantique, dans la direction du sud-ouest, forme le bassin inférieur du Mharhar, rivière assez considérable qui porte, dans la partie moyenne de son cours, le nom d'Oued el Kébir (1). Ce bassin est limité, à l'est par la série des hauteurs de S'afet el H'amâm (2), des Oulad Ziân et de Dâr Ak'laou, contre-forts détachés du massif de Beni Ms'ouar; — au nord et à l'ouest par l'arête rocheuse d'Aïn Dâlïa, le plateau de Cherf et Ak'âb (3) et les grandes dunes isolées d'El Haouâra et d'El Briedj (4). Très-basse et parfaitement unie, la plaine du Mharhar a été évidemment formée par les alluvions du fleuve aux dépens d'un ancien golfe ou d'une lagune. Aujourd'hui encore elle est en partie inondée, à marée haute, et offre partout l'aspect d'un bas-fond auquel les indigènes ont donné le nom significatif de *K'aâ er R'mel* (le fond de sable). Toutes les hauteurs qui encadrent la vallée du Mharhar semblent plonger à pic dans ce terrain d'alluvion, et il ne faut pas un grand effort d'imagination pour restituer au K'aâ er R'mel sa physionomie primitive.

Après avoir dépassé Souïar, on longe la rive droite de Mharhar pendant une demi-heure jusqu'à *Mechrâat ech Chedjra* (le gué de l'arbre), ainsi nommé d'un figuier séculaire qui l'indique de loin au voyageur.

Au delà du gué on franchit successivement deux plates-formes ou terrasses sablonneuses, projetées par le Djebel

(1) L'Oued el Kebir est formé par la réunion de deux cours d'eau qui prennent leur source, l'un dans les montagnes d'Andjera, l'autre dans les contre-forts du Djebel Beni Ms'ouar et du Djebel Habib.

(2) ضَفَّة الحمام « la pierre aux pigeons ».

(3) شرف العقبان « la colline des ruines ».

(4) البريج « le fortin ».

Oulad Zîan et séparées par un ruisseau fangeux, affluent du Mharhar, puis on arrive, à une heure environ de Mechrâat ech Chedjra, au pied des hauteurs de Dâr Ak'âou (1), qui séparent le bassin du Mharhar de celui de l'Oued el Kharroub. Le sentier escalade les pentes escarpées de la colline et forme, à travers les broussailles, un lacet rougeàtre qui justifie le nom d'*Ak'abat el H'amra* (la montée rouge), donné à ce passage. Parsemée de ces « *mechhad* » ou tas de cailloux qui consacrent, en pays musulman, le souvenir d'autant de meurtres, l'Ak'abat el H'amra était naguère un passage des plus dangereux. Depuis quelques années le gouverneur de Tanger a installé à l'entrée et à la sortie de ce coupe-gorge deux colonies militaires dont les habitants sont chargés de veiller à la sécurité des caravanes. Le Dchar du nord s'appelle *Nzèla mta A'mâr*, celui du sud, *Nzèlat el Gharbia* (2). J'ajouterai que, pour plus de sûreté, on a soin de ne pas laisser grandir, dans un certain rayon autour de la route, le bois de chênes-liéges qui couvre le Dâr Ak'lâou : on y met de temps en temps le feu et la hache.

A l'ouest et au-dessous de Dâr Ak'lâou s'étend un grand plateau qui domine d'une centaine de mètres les deux vallées du Mharhar et de l'Oued el Kharroub. On y remarque deux grandes mares qui se dessèchent en partie en été, et dont la plus considérable peut avoir trois kilomètres de circonférence. Les indigènes leur donnent le nom de *El Ghellaïat* (3), «les bouillonnements», ce qui ferait supposer qu'elles sont alimentées par des sources thermales.

(1) Le nom d'*Aklâou* est considéré par les indigènes comme un nom propre d'homme. Le rapprochement qu'établit Barth entre ce même nom et celui de *K'laoui*, donné à la chaîne de l'Atlas au sud du Maroc, serait donc plus ingénieux que fondé.

(2) *Nezla* signifie « relai », « station » : je me conforme à la prononciation marocaine en écrivant *nzèla*.

(3) الغذليات. La forme correcte est الغَلَيَّة · *El Ghalaïat*.

Nous ne tardons pas à atteindre le versant méridional de
Dâr Ak'laou : la route s'engage dans un ravin et au sortir
de ce défilé nous découvrons le bassin de l'Oued el Kharroub. En face de nous, au delà d'une vallée de cinq à six
kilomètres de largeur, le plateau d'El Gharbia développe la
longue ligne de ses escarpements rougeâtres, semblables à
une gigantesque muraille crénelée. A gauche la vallée se
resserre : elle est dominée par les derniers contre-forts du
Djebel H'abib, dont la masse conique apparaît au dernier
plan. A droite, au contraire, elle s'élargit et laisse aperce-
voir à l'horizon les bas-fonds et les dunes du Tah'addart.

A dix minutes de la Nzèla du sud, située au débouché
du défilé d'Ak'abat el H'amra, nous rencontrons un de ces
ruisseaux fangeux qui portent, dans le dialecte marocain,
le nom générique de *Kholdj* (1).

Le Kholdj dont il s'agit en ce cas est formé par les
sources qui descendent de Dâr Aklâou et du plateau de
Ghellaïat, et communique avec l'Oued el Kharroub dont les
eaux le remplissent à marée haute.

Dix minutes après, nous franchissons l'Oued el Kharroub
au *Mechrâat el Héchaf* « le gué des rochers sous-marins (2) ».

(1) Au pluriel *khlidj*. MM. Delaporte et Barth ont pris à tort ce mot de
kholdj pour un nom propre : le mot *khalidj*, au pluriel *kholdjan*, est arabe,
et désigne un fleuve, un gouffre, un canal de dérivation; ce dernier sens
est le plus usité en Égypte. — Barth est tombé dans une autre erreur en
considérant ce ruisseau comme un bras du Mharhar et en affirmant que,
réuni au Mechra'at el H'achef, il forme la Gherifa : le Mharhar n'a pas de
bras, et réuni au Mechra'at el H'achef il forme le Tah'addart. Quant à ce
nom de *Ghrifa*, on verra plus loin qu'il doit s'appliquer exclusivement à
un des gués de l'oued el Aïacha, fleuve qui se jette dans la mer à égale
distance du Tahadart et d'Azîla.

(2) Delaporte et Barth, qui écrivent Mechraat el H'achef, donnent
à ce mot composé la signification de « Gué du pain sec ou des dattes
sèches ». Le mot H'achef حَشُّنْ désigne effectivement du pain des-
séché, et le mot H'achaf حَشَّفَ des dattes sèches. Je crois toutefois
que le nom donné au gué de l'Oued el Kharroub a un sens plus naturel
et doit s'écrire مَشْرَعَةُ لِحْشَفْ Mechrâat el H'echaf, « le gué des rochers »,

Le gué n'est praticable qu'à marée basse, mais à un quart d'heure en amont on trouve, à *Mechrâat el Hioui*, le *Meshra el Howeid* de Davidson, un passage toujours guéable. Le nom de Mechrâat el Héchaf, qui ne désigne en réalité qu'un des gués de l'Oued el Kharroub, a été appliqué par nos cartes au cours entier du fleuve. C'est là une de ces méprises qu'il est si difficile d'éviter en matière de nomenclature arabe, et au Maroc plus que partout ailleurs. Les Marocains ne généralisent pas volontiers; une chaîne de montagnes porte, le plus souvent, autant de noms qu'elle présente d'accidents remarquables et surtout qu'elle renferme de tribus ou de dchour. Il en est de même pour les rivières : leur désignation varie à chaque instant en raison des localités qu'elles traversent.

Quarante cinq minutes séparent le Mechrâat el Héchaf du plateau d'El Gharbîa. La route contourne un mamelon isolé, appelé Djebel Zîtoun, gravit une pente escarpée et arrive au village de Dchar Djedid par une sorte de brèche pratiquée dans la crête du plateau. A la hauteur de ce passage, sur la droite, s'allonge un éperon très-remarquable par sa forme et qui porte le nom de *El Khaloua*, « l'isolée ».

Nous campons à dix minutes de Dchar Djedid, au milieu de ruines romaines assez confuses, mais très-étendues.

(حَشَفَة au singulier, avec le sens particulier de « roche marine »). La tradition locale confirmerait cette supposition : les indigènes affirment, en effet, qu'il existait autrefois un pont à l'endroit même où l'on franchit aujourd'hui l'Oued el Kharroub, et que ce pont était bâti sur une veine de rochers qui traverse le fleuve, tandis qu'en amont comme en aval le lit de l'Oued el Kharroub est trop fangeux pour qu'on puisse soit le passer à gué, soit y établir un pont solide. Mon hypothèse paraîtra assez vraisemblable, je l'espère, pour qu'on adopte désormais la forme *Mechrâat el H'echaf* que j'ai substituée, sur ma carte, à celle qu'avaient donnée Delaporte et Barth.

L'Oued el Kharroub est l'*Alcharob* que Windus a traversé entre Tetouan et El Ksar. El Bekri cite dans cette même contrée un château d'*Ibn Kharroub*.

Quatre sources abondantes, l'Aïn Sanîa (1), l'Aïn Oulad Sbaïta (2), l'Aïn el Kheïl (3) et l'Aïn el Mk'abar (4), arrosent les deux vallons entre lesquels était située la ville antique et dont la fertilité justifie le nom de « jardin », *Sâniat el Gharbîa*, donné par les indigènes à toute cette région. A l'Ouest de Dchar Djedid, au delà du ravin de Khaloua, se trouve un groupe de Douars appartenant aux Oulad Sbaïta. Un marché très-fréquenté, El Hâd el Gharbîa, se tient chaque dimanche sur le plateau, à la hauteur de Dchar Bou Farès et à vingt minutes, environ, de Dchar Djedid.

Les ruines romaines de Dchar Djedid sont celles de la station d'*Ad Mercuri* indiquée par l'itinéraire d'Antonin à dix-huit milles de Tingis et six de Zilis. Bien que ces deux chiffres soient trop faibles, la synonymie n'est pas douteuse . Dchar Djedid se trouve situé à la même distance proportionnelle de Tanger et d'Azila, sur la seule route que pût suivre la voie romaine. L'hypothèse qui, jusqu'ici, a fait placer *Ad Mercuri* à l'embouchure du Tahaddart, ne repose que sur le calcul des distances en ligne droite et tombe devant l'examen des localités. Il est matériellement impossible que la voie antique ait suivi la direction qu'on lui assigne à travers les bas-fonds inondés du Mharhar, pour aboutir à l'obstacle infranchissable qu'offre l'estuaire du fleuve.

Il n'existe d'ailleurs, quoi qu'on en ait dit, aucun vestige d'établissement antique sur la plage de Tahaddart, tandis que les ruines de Dchar Djedid sont celles d'une ville romaine assez considérable : elles couvrent toute la superficie d'un plateau de forme elliptique dont le périmètre peut être évalué à plus de deux milles romains.

(1) عين سانية « la fontaine du jardin ».

(2) عين اولاد سبيطة « la fontaine des Oulad Sbaïta ».

(3) عين الخيل « la fontaine des chevaux ».

(4) عين المقبير « la fontaine des tombeaux ».

La ligne des remparts est à peine indiquée par quelques débris du côté du nord. Elle est très-reconnaissable au contraire à l'ouest, où un mur puissant fermait l'isthme étroit par laquel le plateau de Dchar Djedid se rattache au massif de la Gharbia, au sud, où l'on retrouve sur plusieurs points les vestiges d'un mur semblable, et surtout à l'est, où l'enceinte s'étend sans interruption d'Aïn Kheïl jusqu'à la coupure par laquelle la route de Tanger débouche sur le plateau.

En dehors, et à peu de distance de cette partie de l'enceinte, on remarque un édifice rectangulaire mesurant environ vingt-cinq mètres sur douze. La hauteur de cette construction adossée à l'escarpement qui couronne le rempart, varie, suivant la pente du terrain, de un à trois mètres. Les murailles, très-épaisses et bâties en blocage revêtu d'un ciment lisse d'une extrême dureté, sont soutenues par de puissants contre-forts. L'intérieur du rectangle est partagé par de solides murs de refend en quatre compartiments qui communiquent les uns avec les autres. L'ensemble de cette construction offre tous les caractères d'un réservoir ou d'une citerne non couverte.

L'édifice que je viens de décrire est le seul monument de quelque importance qu'offrent les ruines d'Ad Mercuri. L'amphithéâtre, ou plus exactement je crois, le théâtre qu'avait signalé Davidson et que M. Drummond Hay, consul général d'Angleterre à Tanger, a encore vu en 1842, n'existe plus aujourd'hui, à moins que l'enceinte semi-circulaire qu'on remarque non loin d'Aïn Kheïl n'en représente les derniers vestiges. Chaque année, du reste, voit diminuer le nombre des débris antiques qui couvraient naguère encore le plateau de Dchar Djedid : les indigènes brisent les blocs qui gênent les travaux du labourage et j'ai pu constater, d'une de mes visites à l'autre, avec quelle rapidité s'accomplit cette œuvre de destruction. La partie orientale de l'enceinte d'Ad Mercuri est celle où les vestiges sont encore le plus nombreux. Elle paraît avoir formé le *castrum* et j'y ai retrouvé, sur le point culminant, le soubassement d'un édifice considérable qui représente peut-être le temple auquel la ville antique à dû son nom.

26 janvier. — L'un des buts de mon voyage étant de déterminer le tracé de la voie romaine qui reliait Tingis à Sala nous nous dirigeons sur H'oumar, en suivant, jusqu'au point où s'étaient arrêtées mes précédentes investigations à partir d'Azîla, la route qui conduit directement de cette ville à Dchar Djedid.

Partis à sept heures, nous longeons le bord septentrional du plateau d'El Gharbîa. A notre droite, au milieu de la vallée que j'ai déjà décrite, coule l'Oued el Kharroub. A huit heures nous sommes à la hauteur du point où il effectue sa jonction avec le Mharhar. Dix minutes après, nous atteignons, à l'extrémité occidentale du plateau, les hauteurs abruptes qui dominent les derniers méandres et l'embouchure de l'*Oued el Akouâs*, la « rivière des Arceaux » (1); tel est le nom que porte, dans la partie inférieure de son cours, le petit fleuve qui sépare le plateau d'El Gharbia de celui de Sidi el Yemani : un peu plus haut il reçoit celui d'Oued el Aïâcha, emprunté à la tribu berbère dont il traverse le territoire. — Au sud-sud-ouest et à une heure de marche environ, nous apercevons la petite ville d'Azîla. — Au nord-nord-est une série de hauteurs détachées du plateau d'El Gharbia se prolonge en s'abaissant graduellement jusqu'au Tahaddart, entre la plage et les vastes bas-fonds inondés qui précèdent l'estuaire proprement dit du fleuve. Au delà du Tahaddart la plage, très-large et très-basse, court dans la direction du nord jusqu'au cap Spartel dont la puissante silhouette se dessine à l'horizon.

A neuf heures, après une halte de quelques instants, nous

______

(1) Les indigènes, supprimant l'elif initial du mot Akouâs et donnant à l'elif final le son *è*, prononcent *El Kouès*.

nous dirigeons vers le sud-est, parallèlement aux hauteurs que baigne l'Oued el Ak'ouâs. A 9 heures 25 nous rencontrons une petite vallée marécageuse au milieu de laquelle serpente l'Oued Sah'ab et T'ouïl, « l'ami des longueurs », dont le nom caractérise suffisamment le cours capricieux. — A 9 heures 30, après avoir franchi une arête étroite et allongée dont les flancs rocailleux sont couverts de beaux oliviers sauvages, nous retrouvons l'Oued el Ak'ouâs et nous le traversons à *Mechrâat el Ghrifa*, le « gué profond » (1). C'est cette épithète de *Ghrifa*, séparée le plus souvent par les indigènes du substantif qu'elle qualifie, qui a été donnée par la plupart des explorateurs européens et que j'ai prise longtemps moi-même pour le nom, ou da moins pour l'un des noms du fleuve. Une conversation que j'engage avec le chef de mes muletiers, el Hadj Mohammed Mesbah', sur la possibilité de faire passer nos bêtes de charge par un point plus guéable de l'*Oued Ghrifa*, commence nécessairement par un malentendu et finit par cette série de déclarations de la part de mon guide : « il n'existe pas d'*Oued Ghrifa*; le gué que nous traversons s'appelle *Mechrâat el Ghrifa*; en aval du gué le fleuve porte le nom d'*Oued el Kouès*, en amont celui d'*Oued el Aïacha*; plus haut encore, il porte autant de noms qu'il traverse de pays. »

A quelques pas du gué, sur la droite, on remarque les vestiges d'un ancien pont qui a vraisemblablement appartenu à la voie romaine, à en juger par la forme et la dimension des blocs qui couvrent les deux rives du fleuve.

Laissant à droite la route qui conduit à Azila, nous traversons, dans la direction du S. ¼ S.-O., le plateau fortement ondulé qui sépare l'Oued el Ak'ouâs de l'Oued el H'alou. A une heure vingt minutes de Mechrâat el Ghrifa, et à dix minutes du Dchar de Djelaoula, nous atteignons

____

(1) مشرعة الغريفة du radical غرّف « qui roule une grande quantité d'eau ».

l'*Oued er ..... *, la « rivière du moulin », le *Rio de los Molinos*, de l'expédition de don Sébastien. L'Oued er R'h'a, réuni un peu plus bas à l'Oued Touareus es Sahel (1), forme l'Oued el H'alou qui se jette dans la mer à un kilomètre au nord d'Azila. Nous nous engageons ensuite sur le plateau qui sépare l'Oued er R'h'a de l'Oued Touareus, et à onze heures vingt minutes nous arrivons à H'oumâr, terme de notre seconde étape.

H'oumâr est un gros village berbère d'une centaine de feux qui a succédé, selon toute apparence, à cette ancienne ville de *Homar*, ou *Homara*, fondée dans le IXe siècle de notre ère, dont parlent Léon et Marmol. Le premier de ces deux auteurs la place à quatorze milles d'El K'sar et seize d'Azila. Les chiffres ne sont pas exacts : H'oumâr est à plus de trente milles de K's'ar el Kebir ; la distance qui le sépare d'Azila, par contre, n'est que d'une heure et demie. Les chiffres donnés par Léon l'Africain reproduisant d'ailleurs exactement ceux que l'itinéraire d'Antonin indique entre Zilis, Tabernæ et Lixus, il est permis d'y voir une réminiscence du document romain : à défaut de données numériques exactes, Léon s'est vraisemblablement servi de celles du routier antique en partant de cette double hypothèse, complétement erronée, que Homar aurait succédé à Tabernæ et qu'elle serait située à égale distance d'El'Arâïch et de K's'ar el Kebir.

Quelques ruines fort effacées qu'on remarque au S.-E. du village sont tout ce qui reste aujourd'hui de ces murailles d'Homar que, d'après Marmol, « il faisait beau voir de loin ». Homar a conservé, en revanche, les fertiles vergers dont parle Jean Léon et qui forment encore une véritable oasis.

---

(1) La forme correcte est sans doute *Mtouarreus* متورس du radical وَرَّسَ « être couvert d'une mousse verte et glissante », *Oued Touareus* ou *Mtouareus* signifierait donc « la rivière aux pierres moussues ».

27 janvier. — Départ à 7 heures du matin. La route suit d'abord la direction du S.-S.-O sur le versant gauche de la vallée d'Aïn el'Arâb, qu'elle traverse bientôt à El H'aouch, pour longer également le versant gauche de la vallée parallèle de l'Oued es Sebt. Le versant opposé appartient à une troisième chaîne qui borde le littoral et que suit en partie le chemin de communication le plus direct entre Azila et El'Arâïch. Cette dernière route, impraticable pendant une partie de l'année, est appelée par les indigènes Khandak'et-Tourki (1). Le chemin que nous suivons, du reste, est presque aussi difficile : la piste est coupée à chaque instant par des fondrières, ou barrée, soit par des *dikes*, soit par des blocs détachés.

A huit heures quarante-cinq minutes nous arrivons à l'Oued es Sebt. Cette rivière emprunte son nom au marché qui se tient chaque samedi au centre de la vallée. Plus haut, elle porte le nom d'*Oued el Ghenem* « la rivière des brebis », plus haut encore celui d'*Oued er Rih'ân*, « la rivière des myrtes ». Elle prend naissance en effet dans la plaine qui s'étend à l'O. et au S.-O. de Sidi el Yemâni et qu'on désigne sous le nom de Fah's'er Rih'ân « la plaine des myrtes ». L'Oued es Sebt traverse, par deux étroites coupures, les deux petites chaînes qui limitent la vallée et va se jeter dans l'Océan à *Haffat el Beïd'a* « la plage blanche », au sud de Sidi Bou Mghaïts (2).

Nous traversons, à quelques minutes du gué, la vaste clairière sur laquelle se tient le marché, et nous longeons la rive droite, puis la rive gauche d'un affluent de l'Oued es Sebt formé par les eaux de la partie méridionale de la vallée. A quarante-cinq minutes d'Es Sebt nous atteignons

(1) Employé ailleurs dans le sens spécial d'égoût, le mot *khandak* désigne au Maroc toute dépression de terrain donnant issue aux eaux pluviales, et, par extension, un ravin ou un chemin creux.
(2) Malgré les indications contraires de nos cartes, l'Oued es Sebt est le seul cours d'eau qui débouche dans l'Atlantique entre Azila et El'Arâïch.

le village berbère d'El'Ons'âr. Pittoresquement situé sur un amphithéâtre de rochers, El'Ons'âr doit son nom aux sources abondantes qui jaillissent au sud du village et fertilisent ses vergers.

L'étroit sentier que nous suivons traverse un bois séculaire d'oliviers sauvages, puis un défilé que lui disputent les eaux d'un torrent, et débouche bientôt sur un vaste plateau boisé qui s'étend jusqu'à El Khmis. De ce point culminant nous embrassons dans son ensemble la contrée très-accidentée que nous venons de parcourir et nous pouvons nous rendre compte de ses traits caractéristiques : le plateau d'El Khmis forme le nœud d'où partent les trois chaînes parallèles qui déterminent les vallées d'El'Ons'âr ou d'Es-Sebt, d''Aïn el'Arâb et d''Aïn K'at'â.

A une heure cinq minutes d'El 'Ons'âr et à trois heures trente-cinq minutes de H'oumar, nous atteignons le bourg d'El Khmis où nous devons camper.

El Khmis occupe la partie la plus élevée du plateau qui sépare la contrée que nous venons de traverser du bassin de l'Oued Loukkos. C'est le point central auquel viennent aboutir les voies de communication qui relient entre eux les principaux centres habités de cette région, El 'Arâïch, H'oumar, Azila, Sidi el Yemâni, Tlata Raïsana. La partie sud du Dchar touche à un étranglement du plateau déterminé par deux profondes vallées qui descendent, l'une à l'ouest vers l'Atlantique, l'autre au sud vers les plaines du Loukkos dont on découvre en partie le cours sinueux. La première porte le nom d'*Aïn ech Chedjra*, « la fontaine de l'arbre » ; la seconde, beaucoup plus ouverte, a reçu celui d'*El Oueldja*, « la prairie ».

28 *Janvier*. — Laissant à gauche la route d'El Khmis à El'Arâïch, que j'avais précédemment suivie, nous nous dirigeons en droite ligne sur les ruines de Lixus en longeant un des contre-forts méridionaux du plateau d'El Khmis. Ce contre-fort emprunte son nom de *Es S'ouma'a*, à une an-

cienne tour de garde qui en couronne le point culminant et qui m'a paru dater du moyen âge. Nous descendons à Tchemmich, l'ancienne Lixus, en suivant, entre les champs d'orge qui s'étendent à droite et à gauche, une large piste respectée par la charrue berbère et qui est peut-être, je ne dirai pas un vestige, mais un souvenir de la route antique. Les voies romaines de la Tingitane, en effet, paraissent n'avoir jamais existé à l'état de *viæ stratæ* : nulle part du moins je n'en ai retrouvé de trace, et en rapprochant ce fait des inexactitudes évidentes dont sont parfois entachées les évaluations de l'Itinéraire, aussi bien que celles de Pline, on peut affirmer que les routes, dans cette partie de l'Afrique romaine, n'ont jamais été ni tracées ni mesurées.

A huit heures vingt-cinq minutes nous atteignons, sous les murs mêmes de Lixus, les bords du Loukkos dont nous longeons la rive droite jusqu'en face d'El 'Araïch. Le nom d'*Oued el Kous* que la plupart des cartes modernes donnent à ce fleuve, est inconnu dans le pays. La véritable forme *Lokkos* qu'on trouve dans Edrisi et que donne également le texte d'El Bekri lorsqu'on la débarrasse, comme l'a fait remarquer M. de Slane, du mot berbère qui l'y précède, est l'équivalent exact du nom phénicien que nous ont conservé les monnaies de Lixus. Nous savons d'ailleurs par El Bekri que le fleuve ne prenait ce nom de Lokkos qu'à Souk Kotama (Ksar el Kebir), et l'échangeait à la hauteur de Tochoummès (Tchemmich) contre celui de *Safdad*, complétement oublié aujourd'hui. Ces dénominations multiples s'expliquent par la variété même qu'offre, dans ses aspects, le cours d'eau auquel elles s'appliquent. Au-dessus de Ksar el Kebir, le Loukkos coule dans une région montagneuse et n'est guère qu'un torrent d'un volume d'eau très variable; de Ksar el Kebir à Tchemmich il subit déjà l'influence des marées : son cours, large et profond, sillonne de majestueux méandres la vallée qui sépare le plateau de Tanger de celui du Gharb. Au-dessous de Tchemmich l'estuaire du fleuve ressemble à un véritable bras de mer et rappelle les *rias* des côtes de la Galice.

Cet estuaire a évidemment subi d'importantes modifications, même depuis l'époque historique. Les deux dernières presqu'îles formées par les replis du fleuve et dont l'une se rattache au massif de Lixus, tandis que la plus occidentale se relie aux collines d'El'Arâïch, sont le produit d'alluvions beaucoup plus récentes que celles qui constituent la vallée du Loukkos. La presqu'île occidentale, à laquelle les indigènes donnent le nom significatif de *El Khlidj*, « les fondrières », est peut-être postérieure à la fondation de la colonie phénicienne. « La végétation n'a pas encore pris possession complète de ce sol spongieux, entamé et coupé de tous côtés par des canaux vaseux dans lesquels pénètrent les plus basses marées. C'est à peine si cinq ou six plantes peuvent y vivre : le Plantago macrorhiza, la Salicornia fruticosa, deux graminées et une orobanche parasite composent toute la flore des « Khlidj » (1).

Bien que moins pauvre, sous ce rapport, la presqu'île de Tchemmich ne contient guère plus d'une vingtaine d'espèces, composées en grande partie de plantes salines, salicornes et soudes. Le sol est sableux et présente le caractère des formations d'estuaires plutôt marins que fluviatiles. Le terrain n'est cultivable que sur un seul point, au sud-est, sur la rive la plus éloignée de l'Océan : on y remarque quelques oliviers sauvages, rabougris, et une plantation abandonnée de fèves de marais.

On peut donc supposer qu'à une époque voisine des temps historiques, sinon à l'époque même des premières fondations phéniciennes, la presqu'île de Tchemmich offrait le caractère que présente encore aujourd'hui la presqu'île

---

(1) J'emprunte ces détails, ainsi que ceux qui suivent, à une note rédigée par M. le professeur Bleicher, qui m'accompagnait dans ma dernière mission.

d'El Khlidj, et que celle-ci ne formait guère qu'un bas-fond dans l'estuaire du Lixos.

L'estuaire lui-même présentait une physionomie bien différente. Il n'est pas douteux que l'embouchure du Loukkos n'ait subi un déplacement considérable du nord au sud. A l'époque phénicienne, et peut-être même encore au temps de la domination romaine, si l'on accepte une indication numérique donnée par Pline et sur laquelle j'aurai l'occasion de revenir, le Lixos devait se jeter dans l'Océan sous les hauteurs de Rekâda. Les dunes qui prolongent aujourd'hui ces hauteurs n'existaient pas alors, pas plus que la plage très-basse qui s'y rattache, et l'estuaire proprement dit du fleuve, réduit actuellement à l'étroit canal que dominent les falaises d'El'Araïch, s'étendait de ces mêmes falaises aux dunes anciennes de Rekâda.

Les recherches auxquelles s'est livré, à ma demande, M. le docteur Bleicher, ont pleinement confirmé les conjectures que la configuration actuelle du littoral m'avait suggérées tout d'abord. « L'étude de la langue de sable qui s'étend, dans la direction du sud-ouest, des hauteurs de Rekâda jusqu'à l'embouchure actuelle du Loukkos, démontre que ce barrage qui détourne son cours n'a pas toujours existé. Cette langue de sable n'est en réalité qu'un appendice du cordon littoral sableux de la côte, ayant le caractère moderne. C'est à peine, en effet, si de rares plantes s'y sont fixées, tandis que sur les dunes anciennes on trouve toute la flore habituelle des sables, ombellifères, euphorbiacées, légumineuses humifuses. Rien n'empêche donc d'admettre que, depuis les temps historiques, l'embouchure du Loukkos, d'abord simplement barrée par des bancs de sables sous-marins, peut-être même par un banc ou îlot à sec à marée basse, a été peu à peu ensablée et que la passe est graduellement descendue du nord vers le sud jusqu'au point où nous la trouvons actuellement. L'existence des bancs de sable sous-marins n'est d'ailleurs pas une pure hypothèse : il est logique d'admettre que les bancs puissants de grès qui bordent le littoral à la pointe d'El'Araïch et bien au delà vers le sud, se continuent sous la mer vers le nord-ouest. Ces rochers formant arête sous les flots ont bien pu servir de support aux sables, dont l'accumulation a fini par produire, d'abord des barrages sous-marins percés de passes, puis des îlots que l'apport continuel du sable a transformés en une presqu'île reliée aux dunes anciennes. Il suffit pour que cette transformation s'opère, que les vents de nord-ouest prédominent pendant une série d'années et qu'un apport considérable de sable s'effectue. Ces deux conditions ne se réalisent que trop souvent sur cette côte où la tendance à la formation des dunes est constante et où leur progression peut être constatée tous les jours (1).

Les modifications apportées par le cours des siècles à l'estuaire du Lixos peuvent seules expliquer un passage de Pline auquel j'ai déjà fait allusion. En parlant d'une mauve arborescente qui croissait dans cet estuaire, le naturaliste romain précise l'emplacement traditionnel du jardin des Hespérides et de l'autel ou du temple d'Hercule ; il évalue à deux cents pas la distance qui le séparait de la mer (2).

Cette donnée est inconciliable avec la configuration actuelle des lieux, puisque le point de l'estuaire où l'existence d'un bosquet d'orangers ne serait pas absolument impossible, c'est-à-dire la partie orientale de la presqu'île de Tchemmich, se trouve aujourd'hui à plus de 3 000 mètres de l'Océan. Elle s'explique très-bien au contraire dans l'hypothèse où le Lixus aurait débouché, à l'époque romaine, à la hauteur des collines de Rekâda. Au-dessous de ces collines, en effet, au milieu d'alluvions très-récentes et à deux ou trois cents pas de l'ancienne embouchure, on remarque

(1) Note de M. le professeur Bleicher.

(2) XIX, 22 : ... Sed et arbor est malva in Mauretania Lixi oppidi æstuario, ubi Hesperidum horti fuisse produntur CC pass. ab Oceano, juxt delubrum Herculis...

une sorte d'ilot qui se trouve dans les conditions indiquées par Pline. « Situé aujourd'hui à une centaine de mètres de la rive droite du Loukkos, l'îlot de Rekâda présente l'aspect d'un mamelon élevé de 5 mètres environ au-dessus du niveau du fleuve. La végétation qui le recouvre indique un sol exondé de longue date et bien différent des parties avoisinantes. La physionomie insulaire de ce mamelon est complétée par le contraste qu'offre son sol cultivable avec les envasements récents qui ont comblé le bras méridional du Lixus et les sables qui ont fait disparaître le bras septentrional (1) ».

L'îlot de Rekâda est surmonté d'un tumulus surbaissé sur la plate-forme duquel on remarque une substruction antique de forme rectangulaire. Un des côtés a disparu : les trois autres, mesurant chacun 19^m,80 de longueur sur 1 mètre d'épaisseur, ne dépassent pas le niveau du sol et sont formés par une triple rangée de gros moellons, grossièrement équarris et posés sur champ. Cette disposition des matériaux se retrouve, au surplus, dans la plupart des constructions anciennes que j'ai trouvées au Maroc et que je n'ai pu rattacher ni à l'époque romaine, ni aux périodes postérieures.

Des fouilles auxquelles je n'ai pas eu le loisir de me livrer pourraient seules éclaircir la question de savoir si ces ruines sont ou non les vestiges de l'autel d'Hercule. Je me borne à constater qu'au point de vue purement topographique l'îlot de Rekâda est le seul point de l'estuaire du Lixus qui satisfasse à toutes les données du problème que Barth a renoncé à résoudre.

A 9 h. 20 m., nous passons en bac l'étroit canal par lequel le Loukkos se jette dans l'Océan, sous les murs mêmes d'El 'Arâïch, et nous franchissons les portes du chef-lieu du Gharb.

El 'Arâïch est pittoresquement située sur la pointe ro-

(1) Note de M. le professeur Bleicher.

cheuse qui domine, au sud, l'embouchure du Loukkos.
L'intérieur de la ville a conservé, en grande partie, sa physionomie espagnole, et les défenses de la place sont encore
celles qui existaient en 1689, au moment où Moula Ismaïl
s'en empara. En consultant le plan annexé à la relation de
Pidou de Saint-Olon, on reconnaît facilement le fort de
Saint-Jacques, le château de Saint-Étienne, situé à l'ouest
et remarquable par les quatre coupoles qui en surmontent
les angles, la vieille Tour du Juif et le château de Notre-
Dame d'Europe qui défend le front méridional de l'enceinte
et sert aujourd'hui de Kasba. La ville n'est pas dominée et
il a fallu, comme le faisait justement remarquer l'ambassa-
deur de Louis XIV, toute l'incurie du gouvernement espa-
gnol pour la laisser tomber entre les mains des Marocains.

El 'Arâïch est le siége d'un gouvernement militaire qui
comprend les deux districts d'Azîla et de K's'ar el Kebir.
Son port, malgré les difficultés que présente la barre du
Loukkos, est un des plus fréquentés de la côte et voit s'ac-
croître chaque année le nombre des bâtiments qui viennent
y charger le liége, les laines et les céréales que cette partie
du Gharb fournit en abondance.

El 'Arâïch, d'après M. Renou, aurait été fondée de 1200
à 1300. Il semble, toutefois, qu'elle existait déjà, comme
centre de population, dans les premières années du IXᵉ siècle, puisque l'auteur du Roudh el Kartas nous apprend
qu'elle faisait partie, avec Azîla et Basra, du commande-
ment confié par l'Imâm Mohammed ben Idris à son frère
Yahia, et comme place fortifiée au milieu du XIᵉ siècle.
Son nom seul est de date relativement récente : on ne
le trouve ni dans El Bekri ni dans Edrisi; mais c'est évidemment de cette ville qu'El Bekri a voulu parler lorsqu'il
indique sur les bords du Safdad, au-dessous de Tchemmich
et à proximité de la vaste plaine d'Abi Seïyar, un bourg
populeux et fortifié qu'il appelle *Harat el Ahchis*. Ces détails
topographiques ne peuvent s'appliquer qu'à El 'Arâïch.

C'est également par erreur qu'on a identifié l'île, ou plutôt la presqu'île qui existe aujourd'hui à l'embouchure du Loukkos, presque au-dessous d'El'Arâïch, et à laquelle les indigènes, ainsi qu'on l'a vu plus haut, donnent le nom de *El Khlidj*, à l'île que les Portugais tentèrent d'occuper en 1477. Léon, qui place celle-ci à dix milles environ de l'Océan, ajoute qu'il y existait une ville que les habitants abandonnèrent à l'ouverture des hostilités (1). Ces deux indications ne permettent pas de retrouver la *Gesira* de l'expédition portugaise dans l'île d'El Khlidj, située à un quart d'heure à peine de l'embouchure du fleuve et, d'ailleurs, complétement inhabitable. Les indigènes affirment qu'il n'existe aujourd'hui aucune île dans tout le cours du Loukkos, d'El'Arâïch à Ksar el Kebir ; la Gesira de Léon aura donc disparu par suite de l'envasement d'un des deux bras du fleuve qui la formaient. On en retrouverait probablement les traces à la hauteur du confluent de l'Oued Tarfâïât et du Loukkos : la distance de ce point à la mer, est précisément celle qu'indique Léon l'Africain, et le nom de *El Mlih'a* « la bonne », que porte cette localité, rappelle celui « d'agréable » donné par les Portugais, au dire de Marmol, à l'île dont ils avaient tenté de s'emparer.

29-31 janvier. — Nous consacrons ces trois journées à l'exploration des ruines de Lixus.

Le nom de Lixus se présente, dans les textes anciens, sous des formes assez variées. Les monnaies de cette ville nous en font connaître l'orthographe phénicienne et une médaille portant la traduction grecque de ce même mot, ΛΙΞ, nous en donne la véritable prononciation. Movers suppose qu'on prononçait *Likch* (2) : cette hypothèse est peu vraisemblable en présence de la tradition locale qui a perpétué jusqu'à nos jours la prononciation *Leks* dans le nom

(1) *Descript. Africæ*, p. 400.
(2) *Die Phönizier*, II, p. 450.

du fleuve, *Lekkos* ou *Loukkos*. Ptolémée écrit également
Λίξ. D'autres auteurs donnent une forme gutturale, Λίγξ et
Λύγξ. Une variante de cette forme qu'on trouve dans Strabon
a fait accuser ce géographe d'avoir confondu Lixus et Tingis. Ce reproche, formulé par M. C. Müller, tombe devant
une lecture un peu attentive du passage incriminé.

« Lorsque l'on sort du détroit des colonnes, dit Strabon,
en laissant la Libye à gauche, on rencontre une montagne
que les Grecs appellent *Atlas* et les barbares *Dyrin*. De cette
montagne se détache un promontoire qui forme l'extrémité
occidentale de la Maurusie et qui a reçu le nom de Kôtès.
Non loin de là se trouve une petite ville appelée par les barbares Τρίγξ, par Artémidore Λύγξ, par Eratosthène Λίξος.
Elle est située en face de Gadès dont elle est éloignée de
huit cents stades ; la même distance la sépare du détroit
des colonnes. »

Strabon, dans ce texte si clair, n'a nullement confondu
Tingis et Lixus. La ville que les Barbares appellent Τρίγξ
n'a rien de commun, dans sa pensée, avec Τίγγις, à laquelle
il consacre ailleurs un paragraphe spécial en lui donnant
son véritable nom. La ville de Τρίγξ est pour lui identique à
Lixus : c'est ce qui résulte jusqu'à l'évidence :

1° de la mention, dans le texte de Strabon, du nom de
Λίξος donné par Eratosthène à cette même ville ;

2° de la position que Strabon assigne à Τρίγξ , en face de
Gadès, alors qu'en parlant ailleurs de Tingis, il place cette
dernière ville en face de Belo ;

3° de la double distance de huit cents stades qui sépare
Τρίγξ de Gadès et des colonnes d'Hercule, — indication aussi
exacte pour Lixus qu'elle le serait peu s'il s'agissait de
Tingis ;

4° enfin, de l'ordre dans lequel sont énumérées les différentes localités : Strabon procédant de l'est à l'ouest, Τρίγξ,
indiquée comme étant au delà du cap Cotès, ne peut être
Tingis situé en deçà de ce même cap.

Strabon n'a donc pas confondu Tingis et Lixus, et la méprise des commentateurs qui lui reprochent cette prétendue confusion, ne s'explique guère que par ce nom bizarre de Τρίγξ dans lequel, ne pouvant reconnaître Lixus, ils ont cru retrouver Tingis.

Ce nom s'explique pourtant, si je ne me trompe : Τρίγξ n'est vraisemblablement que la forme libyenne du mot Λίγξ. Strabon le laisse entendre en présentant ce mot comme une dénomination *barbare*, c'est-à-dire *indigène*, et en l'opposant à la forme phénicienne, reproduite par Artémidore, comme à la forme grecque adoptée par Eratosthène. Au point de vue grammatical, Τρίγξ doit être effectivement la forme libyenne régulière du mot Λίγξ. La langue berbère, parlée par les descendants directs des Libyens, s'assimile les mots étrangers au moyen du préfixe T; il est permis de supposer que la langue libyenne ne procédait pas différemment; le mot phénicien LIKS serait ainsi devenu TLIKS dans le dialecte indigène. Quant à la transformation de TLIKS en TRIKS, elle s'explique non-seulement par la permutation habituelle des lettres L et R dans toutes les langues; mais par une loi particulière aux dialectes berbères du Rif qui substitue volontiers l'R à l'L (1). Loin donc, encore une fois, d'avoir commis l'erreur qu'on lui impute, Strabon a enrichi d'une forme libyenne la nomenclature géographique de la Tingitane.

L'emplacement de Lixus a été exactement déterminé par Barth. La ville phénicienne était située à 4 kilomètres environ de l'embouchure actuelle du Loukkos, sur une colline élevée qui domine la rive droite du fleuve et à laquelle les indigènes donnent le nom berbère ou berbérisé de *Tchemmich*. Très-escarpée au N.-O. et à l'O. où elle atteint sa plus grande hauteur, cette colline s'abaisse graduellement à l'est

---

(1) C'est ainsi que le mot *tellouzt*, amandier, devient *tarouzit* dans le dialecte rifain; *aghioul*, âne, se prononce *aghiour*; *tala*, fontaine, *tara*, etc.

et au sud, d'abord par les ressauts très-accentués qui forment l'Acropole, puis par les pentes de plus en plus douces sur lesquelles s'étageait la ville proprement dite.

Barth n'a pas exagéré les difficultés qui s'opposent à une exploration complète des ruines de Lixus. La plus grande partie de l'*Area* de la cité antique n'offre qu'un épais fourré de caroubiers, de myrtes, de lentisques et d'oliviers sauvages qu'un lacis de ronces et de lianes achève de rendre presque partout impénétrable. Ce n'est qu'au prix de mille difficultés que j'ai réussi à suivre la ligne entière des murs et à traverser l'enceinte dans deux directions différentes, de façon à me faire une idée suffisamment exacte de l'ensemble des ruines.

Lixus se partageait en deux parties différentes : la ville haute, située sur le plateau très-élevé que forme le massif septentrional de la colline de Tchemmich, et la ville proprement dite dont on retrouve les vestiges sur les pentes qui font face au nord-est et au sud. Il existait en outre, au nord de la colline et sur les bords du fleuve, un faubourg assez considérable qui couvrait l'espace compris entre les escarpements de l'Acropole et les hauteurs de Rekâda.

L'enceinte de la ville haute forme un hexagone dont le développement est de près de dix-huit cents mètres.

Le plus grand côté, long de cinq ou six cents mètres, fait face au sud. Il m'a été impossible de le reconnaître dans toute son étendue, mais les pans de muraille qui dominent le fourré, de distance en distance, permettent de se rendre compte de sa direction générale. Cette partie de l'enceinte, de construction romaine, reliait, de l'ouest à l'est, les escarpements qui dominent le Lixus au versant opposé de la colline.

La muraille romaine se prolonge sur une partie du front O.-N.-O. où elle fait place à l'enceinte primitive qu'on retrouve dans toutes les autres faces de l'hexagone. Formés de blocs énormes, soigneusement équarris et assemblés à

sec, ces murs phéniciens de Lixus rappellent les plus anciens échantillons de *pseudisodomon* grec : les pierres d'une
me assise ont une hauteur uniforme, mais diffèrent de
longueur ; la plupart mesurent de 1^m à 1^m 50 ; quelques-unes
de celles qui forment les angles saillants ont jusqu'à 3^m 50 de
longueur sur 2 mètres de hauteur. Cette puissante muraille,
haute encore à certains endroits de douze à quinze pieds,
se prolonge sur une étendue de 150 mètres environ, forme
un angle rentrant déterminé par un accident de terrain et
se perd dans le fourré. Elle reparaît, à cent cinquante pas
plus loin, sur le front N.-O., qui domine, sur une longueur
de cent soixante-quinze pas, un escarpement d'une vingtaine de mètres prolongé par une pente assez rapide. Cette
pente projette elle-même, au nord nord-ouest, un mamelon rattaché au massif de l'Acropole par une forte muraille,
qui paraît avoir protégé du côté de l'est le faubourg septentrional de Lixus.

Le front N.-N.-E., contigu au précédent, est de même
longueur. Le front N.-E. offre également la même étendue.

Le front E.-S.-E. suit la déclivité du plateau et ne présente d'abord qu'une ligne confuse de décombres, envahie
par d'épaisses broussailles ; mais le mur ne tarde pas à re-
paraître et forme bientôt un saillant rectangulaire remarquable par la dimension et la régularité de ses assises. A
75 mètres de ce point, la muraille phénicienne rencontre
à angle droit le mur romain qui achève de circonscrire, au
sud, l'hexagone de la citadelle.

Il est extrêmement difficile, je l'ai déjà dit, de pénétrer
dans l'enceinte même de la ville haute. Les seules ruines
que j'aie pu y observer, outre les grandes citernes et le bâ-
timent voûté qu'a vus Barth, sont celles d'une construction
semi-circulaire, bâtie en pierres de grand appareil et s'éle-
vant encore à 5 ou 6 mètres au-dessus du sol. La corde de ce
débris d'abside m'a paru mesurer 6 mètres ; le diamètre de
l'abside entière pouvait en avoir huit. A deux ou trois cents

pas plus loin, vers l'ouest, une fouille pratiquée par des chercheurs de trésors laisse voir, à une profondeur de quatre ou cinq pieds, un fragment de *pavimentum* et la partie inférieure d'une colonne engagée. Les décombres accumulés paraissent atteindre une hauteur moyenne de 2 mètres dans certaines parties de la ville haute. Presque partout on recueille, à fleur de sol, des clous de bronze, des fragments de verre et des débris de poterie remarquables par la finesse de la pâte et l'élégance de l'ornementation.

L'enceinte de la ville proprement dite ne paraît pas remonter au delà de l'époque romaine. De l'angle sud-ouest de la citadelle, la muraille longe les escarpements de l'ouest et descend jusqu'à l'extrémité de la pointe aiguë que projette, au sud-ouest, le massif de Tchemmich. Elle prend ensuite la direction générale de l'est-nord-est et se termine à une arête rocheuse qui formait, du N.-O. au S.-E., une défense naturelle. Au delà, et jusqu'à la pointe orientale du massif de Tchemmich, on ne trouve aucune trace appréciable de l'enceinte, pas plus que sur les pentes qui regardent le nord-est, bien que de nombreuses substructions et les débris de tuiles, de briques et de poteries dont ces pentes sont couvertes, attestent que cette partie de la colline était habitée. Il est donc probable que le mur d'enceinte montait de l'arête rocheuse dont j'ai parlé jusqu'à l'angle S.-S.-E. de l'acropole. Précisément sur ce dernier point, un pan de mur très-puissant fait un angle droit avec le front méridional de la ville haute et peut être considéré dès lors comme l'amorce de la partie orientale de l'enceinte de la ville basse.

La ligne méridionale de cette même enceinte suit exactement la base de la colline de Tchemmich et plonge, en quelque sorte, dans l'étroite plate-bande formée d'alluvions récentes, qui la sépare du Loukkos. Il est permis de supposer que ces murs étaient baignés par le fleuve à l'époque romaine ; on peut l'affirmer tout au moins pour la portion de l'enceinte la plus rapprochée du Loukkos. Sur ce point, en effet, la plate-bande est formée de vases périodiquement inondées qui s'étendent jusqu'aux murailles et dessinent une sorte de baie. L'enceinte elle-même, à cette hauteur, s'infléchit vers l'intérieur de la ville et encadre un bassin affectant la forme d'un trapèze dont la base est représentée par une jetée percée de deux passes. L'ensemble de ces dispositions, qui ont échappé à Barth, formait évidemment le port intérieur de Lixus. Le fleuve offrait en outre, depuis ce point jusqu'à son embouchure, un mouillage capable de recevoir des milliers de navires.

Il est certain, d'ailleurs, que l'isthme étroit qui relie aujourd'hui au massif de Tchemmich la plus orientale des deux presqu'îles formées par les sinuosités du Lixus, n'existait pas à l'époque romaine. Une série de marécages, inondés à chaque marée, s'étend d'une des courbes du fleuve à l'autre, et représente un ancien canal naturel ou creusé par la main de l'homme. La communication ainsi établie entre les deux boucles du fleuve épargnait aux navires, qui avaient remonté le Lixus jusque sous les rochers de l'Acropole, le trajet de près de six milles qu'ils auraient eu encore à parcourir pour atteindre les quais de la ville basse. La presqu'île de Tchemmich était donc une île proprement dite à l'époque phénicienne. La presqu'île d'El Khlidj présente le même caractère insulaire à marée haute : l'isthme marécageux qui la rattache aux collines d'El'Arâïch est presque entièrement inondé par le flux.

On sait que Scylax, après avoir nommé Lixos, « colonie phénicienne », indique dans le voisinage, au delà du fleuve, une ville « libyenne », avec un port. Barth suppose que cette ville, qu'il appelle, on ne sait trop pourquoi, la « Lix libyenne, » puisque le nom de Lix n'est pas libyen, occupait l'emplacement d'El'Arâïch. Cette conjecture n'a rien que de vraisemblable : la fertilité du territoire d'El'Arâïch a toujours dû attirer une population sédentaire. La pointe qui domine l'embouchure du Loukkos fournit en outre un abri contre les vents d'ouest, si redoutables sur cette côte, et formait sans doute ce port que le Périple donne à la ville anonyme qui s'élevait en face de Lixus.

§ 2. — D'El'Alrâïch à Sla par le littoral.

1er février. — D'El'Arâïch nous nous dirigeons sur Soueïr où mon guide me signale quelques ruines qui peuvent être celles de la station de *Frigidæ*, placée par l'Itinéraire à 16 milles de Lixus et à 24 ou 34 milles de Banasa. La direction de la route confirme cette supposition : nous marchons au sud ¹/₄ S.-E., en droite ligne, par conséquent, sur Sidi Ali Bou Djenoun où j'ai retrouvé, en novembre 1871, les ruines de Banasa.

A vingt minutes d'El'Arâïch nous longeons la lisière occidentale de la belle forêt de chênes-liége dans laquelle nous allons bientôt nous engager. A notre droite le terrain se relève et forme une ligne de hauteurs sablonneuses qui nous cachent le littoral. Nous laissons également à droite le chemin qui conduit directement d'El'Arâïch à Sla par Agla et Moula Bou Selham.

A 9 h. 25 nous pénétrons dans la forêt. Formés d'arbres séculaires, en partie dépouillés et blanchis par le temps, les massifs sont entrecoupés de nombreuses et larges clairières que la hache des bûcherons agrandit chaque jour. L'exploitation de ces bois précieux est abandonnée au caprice des indigènes et le gouvernement marocain a toujours décliné les offres qui lui ont été faites par l'industrie européenne en vue d'en tirer un parti plus utile. On peut prévoir le jour où El'Arâïch verra se tarir une des principales richesses de son territoire.

A onze heures, au sortir de la forêt, nous faisons halte, sur un plateau découvert, aux bords de l'Oued Sah'souh (1), affluent de la rive gauche du Loukkos.

A une heure nous nous remettons en marche. A deux

____

(1) واد كسوح du radical كسح « couler ».

heures un quart nous arrivons à 'Aïn Bou'Ali, source peu abondante dont les eaux vont se perdre dans la plaine que nous venons de traverser. Les hauteurs d'où elle jaillit et qui se relient, vers le sud-est, à celles d'Haouâoura, forment la ligne de partage des eaux entre le bassin du Loukkos et celui de l'Oued Soueïr. De ce point nous apercevons El 'Arâïch au N. $^1/_4$ E.

D'Aïn Bou'Ali la route descend par une pente douce jusqu'aux sources de l'Oued Soueïr que nous atteignons à trois heures dix minutes. Nous campons sur les ruines mêmes de Soueïr (1), à quelques pas du ruisseau auquel elles ont donné leur nom et dont les trois principales sources, alimentées elles-mêmes par d'autres sources secondaires, se trouvent à peu de distance vers le sud-sud-est.

L'Oued Soueïr coule dans la direction générale du sud-est au nord-ouest et va se perdre dans les marais de Gla ou Agla. Cette dernière forme est la plus usitée : l'autre me paraît la plus correcte. Tous les indigènes que j'ai interrogés, aussi bien que mon guide, dont les renseignements m'inspirent toute confiance, m'ont affirmé qu'il n'existe aucune communication entre les marais de Gla et la mer. Le fait me paraît d'autant plus certain que le littoral présente, d'El'Arâïch à Moula Bou Selham, l'aspect d'un bourrelet continu, assez élevé et dominant sensiblement la partie occidentale du plateau. Cette configuration se reproduit, d'ailleurs, comme un trait caractéristique, entre Mehdia et le Bou Ragrag. Les deux estuaires de Moula Bou Selham et de Mehdia sont en quelque sorte une exception : en général les eaux du Gharb ne communiquent pas avec l'Océan et forment une série de marais parallèles au littoral. C'est donc à tort que nos cartes font déboucher l'Oued Soueïr, sous le nom d'Oued Gloug (2), dans l'Atlantique. Le

____

(1) *Soueïr* ou *souiyar*, diminutif de *sour*, rempart.

(2) Ce nom de *Gloug*, inconnu dans le pays, ne peut être qu'une altération du nom véritable, *Gla.*

promontoire qu'elles dessinent, à cette hauteur, sous le nom de *Râs es Seouïr*, n'est guère moins hypothétique : la carte d'Arlett ne l'indique pas et les falaises rougeâtres qui forment la côte, d'El'Araïch à Moula Bou Selham, n'offrent aucune saillie assez marquée pour mériter le nom de cap ou de promontoire.

Les ruines qu'on remarque à Soueïr se réduisant aujourd'hui à un rectangle exactement orienté et mesurant, à l'intérieur, cent vingt pas du nord au sud, sur quatre-vingt-seize de l'est à l'ouest. Les murailles, construites en pierres de moyen appareil, présentent le même caractère que celles qui forment l'enceinte méridionale de Lixus. Elles n'ont laissé de vestiges reconnaissables que sur les deux faces du rectangle qui regardent l'occident et le sud. Cette dernière est la moins maltraitée et présente encore un pan de mur de six ou sept mètres de longueur, sur un mètre et demi de hauteur. Partout ailleurs le rempart n'est plus indiqué que par une sorte d'*agger* formé de décombres accumulés. Les pierres du revêtement, au dire des indigènes, auraient été employées en grande partie à construire un moulin dont les ruines existent encore, à peu de distance, sur l'Oued Soueïr.

A une centaine de pas de l'enceinte que je viens de décrire, près d'une source appelée Aïn el Hammam, on remarque quelques débris antiques, notamment une belle dalle de marbre gris. La source elle-même est entourée d'une muraille bâtie par des matériaux romains. D'après la tradition locale un aqueduc aurait amené autrefois, sous les ruines mêmes de Soueïr, les eaux d'une autre source plus éloignée et désignée par les indigènes sous le nom d'Aïn Smit.

A en juger par le peu d'importance des vestiges qu'elle a laissés, la station antique dont les vestiges se retrouvent à Soueïr ne devait être qu'un de ces postes militaires qui jalonnaient les routes africaines. La synonymie de Soueïr et de Frigidæ n'en est pas moins probable : on ne trouve pas d'autre gisement de ruines entre Tchemmich et Sidi Ali Bou Djenoun, et les sources d'eau vive qui jaillissent autour de Soueïr expliquent tout à la fois, et la création d'une station antique sur ce point, et le nom qu'elle avait reçu.

2 février. — Nous abandonnons le tracé probable de la voie romaine que je me réserve de suivre, au retour, entre Sidi Ali Bou Djenoun et Soueïr, pour nous diriger sur Moula Bou Selham. Nous marchons au S.-O. puis à l'O.-S.-O.

Le plateau légèrement ondulé que nous traversons sépare le bassin de l'Oued Soueïr de celui de l'Oued Drâder. Comme toute la partie du Gharb qui s'étend au sud du Loukkos, il est habité par une population à demi-nomade. Les bas plateaux qui s'étendent entre El'Arâïch, K's'ar el Kebir, le S'ars'ar, H'ad K'ort, la chaîne du Tselfat et du Djebel Outita, les montagnes de Guérouan, celles des Zemmour Chleuh' et la mer, sont exclusivement peuplés par les tribus ou plutôt par les fractions très-mélangées des tribus arabes qui ont envahi le Maroc au XIe siècle, ou qui y ont été installées plus tard par Yak'oub el Mansour. Mais si la population de ces plaines est devenue arabe, la nomenclature géographique est restée berbère et perpétue le souvenir de la race à laquelle le sol a primitivement appartenu.

A une heure de Soueïr nous nous engageons dans une forêt de chênes-liéges, appelée *Ghabat ech Chouâfa,* du nom d'un grand Douar situé dans le voisinage. Elle s'étend du nord au sud et peut avoir deux kilomètres de profondeur au point où nous la traversons.

Au sortir du bois, nous apercevons les hauteurs sablonneuses de Moula Bou Selham. Une demi-heure après, nous rencontrons la source d'Aïn Tiçouat dont le bassin, rempli de joncs et de plantes aquatiques, se prolonge à notre gauche et va rejoindre la lagune de Moula Bou Selham.

A onze heures moins un quart, nous atteignons la K'oubba de Sidi'Abd el K'âder, située sur le sommet de la colline dont la K'oubba de Moula Bou Selham, à moitié ensevelie par les sables, occupe le versant occidental. Immédiatement au dessous de la K'oubba de Sidi'Abd el K'ader, sur le versant Sud, se trouve celle de Sidi 'Abd el Djelid et T'iyâr. En face de nous, sur la colline dont nous sépare la coupée de Sidi Bou Selham, on aperçoit une quatrième K'oubba, ou pour nous servir de l'expression marocaine, un quatrième *Sîd,* Sidi'Abd Allah Djilèli. Ce coin de terre, tout particulièrement sanctifié, est le but d'un pèlerinage très-fréquenté, à en juger par les nombreuses bandes de femmes que nous rencontrons, parées de leurs vêtements de fête, et qui s'y rendent ou en reviennent sous l'escorte de quelques hommes de leurs tribus. Leur teint plus que basané, leurs cheveux noirs tordus en mèches luisantes, la cambrure caractéristique de leur démarche, me rappellent les femmes des oasis du Sahara tunisien et contrastent avec les traits européens, les yeux bleus et les cheveux blonds ou châtains des femmes berbères de la province de Tanger.

La pointe de Moula Bou Selham s'élève à 73 mètres au-dessus du niveau de la mer. La pointe opposée a à peu près la même hauteur. L'étroite coupure qui les sépare donne passage aux eaux de la *Merdja'a ez Zerga,* « le lac bleu », lagune de 12 à 15 kilomètres de circonférence dans laquelle se jette l'Oued Drâder « la rivière des ormeaux » (1). Très-profond et parfaitement abrité de tous côtés, ce bassin de la Zerga formait autrefois un véritable golfe, et c'est ainsi que le représentent les anciens portulans (2). En s'amoncelant, sous l'influence des vents d'ouest, dans l'étroite ouverture qui faisait communiquer ce golfe avec la mer, les sables ont formé une barre qui ne permet plus aux bâtiments d'y pénétrer, tout en offrant encore assez de profondeur pour opposer aux caravanes un obstacle également

____

(1) Ormeaux, plur. de درزوال

(2) C'est aux documents du moyen-âge que quelques-unes de nos cartes ont emprunté ce nom de « Vieille Mamoure », qu'elles donnent à Moula Bou Selham, et qui est absolument inconnu dans le pays.

infranchissable. Le passage était encore praticable, il y a quelques années, à marée basse. La barre aurait été coupée depuis, par les riverains, afin de faciliter l'écoulement des eaux de la Zerga.

La colline du Moula Bou Selham présente au midi deux ou trois escarpements à pic étagés sur ses pentes, et formés d'un tuf calcaire identique à celui qu'on observe dans les environs de Fès, notamment à Aïoun Zorak'. Elle détache dans la direction du S.-E. une pointe basse qui fait saillie dans le bassin de la Zerga, et forme une espèce de promontoire triangulaire dont l'extrémité est occupée par les ruines d'un petit établissement romain. Ces débris portent le nom générique de *Soueïr* que nous avons déjà rencontré plus d'une fois, et que les indigènes donnent à tous les vestiges antiques auxquels ne se rattache pas une tradition précise.

Moula Bou Selham me paraît être l'emplacement probable de la *Mulelacha* de Polybe. La ville phénicienne occupait le promontoire (1), où plusieurs sources d'une eau excellente peuvent suffire aux besoins d'un centre de population. La Zerga formait un port naturel parfaitement abrité. Il est impossible que les Phéniciens n'aient pas tiré parti des avantages d'une pareille situation, sur une côte qui n'offre aucun autre refuge depuis l'embouchure du Loukkos jusqu'à celle du Sbou.

De la pointe de Soueïr nous remontons, en tournant la lagune, jusqu'à Aïn Tiçouât où nous reprenons la direction du S.-E. A cinquante cinq minutes de Aïn Tiçouât et à une heure trente-cinq minutes de Moula Bou Selham, nous atteignons l'Oued Drâder, sur les bords duquel nous devons camper. Le gué porte le nom de Mechrâat el H'âd'ar.

L'Oued Drâder présente un volume d'eau assez considérable et prend sa source dans le massif qui donne également naissance à l'Oued Soueïr.

____

(1) ... Et oppidum in promontorio Mulelacha.

3 février. — Départ à 7 heures 30. — Laissant la Zerga à un quart d'heure environ sur notre droite, nous nous dirigeons au sud-ouest, vers les hauteurs qui la séparent du bassin de Râs ed Doura. Une large zone de roseaux et de joncs encadre la nappe bleue de la lagune, et de nombreux troupeaux de bœufs errent à travers les prairies marécageuses qui l'entourent d'une seconde ceinture.

A une heure et demie de Mechrâat el H'âdar, nous rencontrons un bois de chênes-liéges qui couvre les pentes de la colline dont nous atteignons le point culminant, Dâr el Khrici, à neuf heures un quart. Dâr el Khrici « la Maison du marchand de jarres », est une vieille construction mauresque à demi écroulée et dont l'enceinte est complétement envahie par les broussailles.

Nous redescendons le versant occidental de la colline et, à vingt minutes de Dâr el Khrici, au bas d'un petit col, qui relie les hauteurs que nous venons de quitter à la chaîne du littoral, nous touchons la pointe septentrionale de la Merdja'a ou lac de Râs ed Doura (1), dont l'immense nappe ne tarde pas à se développer devant nous.

Le lac de Râs ed Doura, formé par les eaux du Gharb auxquelles la chaîne du littoral, complétement fermée de Moula

(1) D'après M. Delaporte *Râs ed Doura* signifierait « le cap qui tourne». Cette étymologie semble plus que douteuse par la double raison qu'il n'existe, sur toute cette partie de la côte, ni cap tournant, ni cap quelconque : la carte d'Arlett en fait foi.

Le nom de *Râs ed Doura*, au dire des indigènes, signifierait « la tête, le commencement de la tournée ». Ce dernier mot s'expliquerait lui-même par ce fait que le bassin du Sbou, entre la Merdja'a, le fleuve et les montagnes, compte un certain nombre de marchés que les Arabes fréquentent successivement : les habitués de ces marchés, qui passent chaque jour de l'un à l'autre, sont surnommés *Ed Doura*, « les gens qui tournent, qui font la tournée ». — Comme toutes les étymologies arabes, celle que je reproduis a son côté faible : j'en proposerai donc une troisième qui me paraît de beaucoup la plus vraisemblable : *Râs ed Doura* me paraît être la corruption de Râs ed Daouàra, الدَّوَّارَة رأس la « tête », le « commencement des collines arrondies », c'est-à-dire de la chaîne de mamelons qui séparent le lac de la mer.

Bou Selham à Mehdia, ne permet pas de s'écouler dans l'Atlantique, s'étend, du nord au sud, sur une longueur de près de
cinquante kilomètres ; sa largeur est très-variable, et il est
assez difficile de l'apprécier exactement. Si la rive occidentale, en effet, se termine très-nettement au pied des collines qui bordent le littoral, il en est tout autrement de la
rive opposée, presque partout fort basse, et dont les contours
se perdent dans les marais. A ne considérer que la nappe
profonde qui forme le lac proprement dit, la Merdja'a peut
avoir, dans sa partie supérieure, une largeur moyenne de
sept à huit kilomètres. La partie méridionale est beaucoup
plus étroite et se resserre graduellement jusqu'à la hauteur
de Sidi Mohammed Bel Kheir : à partir de ce point elle ne
forme plus qu'une série de marais prolongés par un kholdj,
auquel les indigènes donnent le nom de *Gh'faïra* et qui about-
tit au Sbou. C'est par cet étroit canal que les eaux du Râs
ed Doura, dans la saison des pluies, s'écoulent dans le fleuve
et que celles du fleuve lui-même, aux grandes marées, pénètrent dans le lac.

La Merdja'a de Râs ed Doura reçoit d'ailleurs, par un canal de communication appelé *S'egmout*, les eaux d'un autre
marais assez considérable, la *Merdja'a el Gharb*, alimenté
en partie par l'Oued Mda. Nos cartographes ont été mal
renseignés lorsqu'ils ont fait de cette rivière un affluent de la
rive droite du Sbou. Les deux cours d'eau, malgré leur
proximité, ne communiquent qu'exceptionnellement, lors
des grandes inondations.

Je me suis tout particulièrement attaché à étudier ce
système hydrographique afin d'éclaircir le problème que
soulevait un renseignement donné par Pline et accepté, sur
la foi du naturaliste romain, par des auteurs qui font justement autorité en matière de géographie africaine. Pline
affirme, en termes précis, que le Subur se jetait dans la
mer à égale distance de Lixus et de Sala (1). On était donc

____

(1) V, 3 : At in ora a Lixo quinquaginta M. amnis Subur... Ab eo toti-
dem M. pass. oppidum Sala.

autorisé à supposer qu'il existait, ou qu'il avait existé :

1° Une communication entre le cours actuel du Sbou et le lac de Râs ed Doura ;

2° Une communication entre ce même lac et la mer, à égale distance d'El'Arâïch et de Sla.

Après une exploration qui avait précisément pour objet de constater un fait dont je ne me permettais pas de douter avant d'avoir étudié le terrain, je puis affirmer que le renseignement accepté par Pline est absolument faux. Le Sbou n'a jamais eu d'autre lit que le lit, si profondément et si nettement tracé, qu'il occupe encore aujourd'hui. De son embouchure jusqu'à Sidi'Ali Bou Djnoun, et de ce point jusqu'à Mechrâat el M'saïda, sa rive droite n'offre aucune trace qui permette de croire à une ancienne communication avec la Merdja'at el Gharb et le Râs ed Doura.

L'hypothèse qui admet l'existence d'un ancien estuaire entre la Merdja'a de Râs ed Doura et l'Océan n'est pas moins erronée. L'ourlet qui sépare le lac de la mer est formé, non par des dunes, mais par de véritables collines, d'une hauteur moyenne de 75 à 80 mètres : ces collines forment une chaîne qui n'offre aucune solution de continuité, aucune dépression. Depuis Dâr el Khrici jusqu'au Sbou, dans toute l'étendue d'un parcours de près de soixante kilomètres, la route qui longe ces collines n'est coupée ni par un ruisseau, ni par un filet d'eau quelconque. Pline a été évidemment trompé par des renseignements inexacts, et son erreur s'explique aisément si les Mauritaniens de son temps avaient aussi peu le sentiment des distances que les Marocains d'aujourd'hui.

A une heure et demie, nous campons sur les bords mêmes de la Merdja'a, près du douar de Si'Abd el K'ader ben Bou Châïb. Nous apercevons au delà du lac, presque en face de nous, les collines d'Aïn Felfel et la K'oubba de Sidi Mohammed'Amar, chez les Oulad Khalifa. On distingue nettement à l'horizon la chaîne de hauteurs qui limite le bassin du Sbou et dont les points culminants sont le S'ars'ar, le

Djebel Dol, le Djebel Bourk', Aïn Kebir, le Djebel K'ort et le Tselfat.

4 février. — Départ à 7 heures 25. La route est au sud-sud-ouest et longe constamment la rive occidentale du lac.

A quarante-cinq minutes de Dar Si'Abd el K'ader, nous laissons à notre gauche la K'oubba de Sidi el Hâdjmi el B'h'arâoui, située sur une presqu'île étroite et très-allongée dans le sens de la longueur du lac.

A 8 heures 25, nous sommes à la hauteur de la K'oubba de Sidi'Ali Ouanzô, située sur le bord opposé de la Merdja'a ; nous franchissons la limite qui sépare le territoire des B'hara de celui des Mnâs'ra. A notre droite, une hauteur offrant l'aspect d'une double table s'élève au-dessus de la série uniforme des mamelons du littoral : c'est le seul accident de terrain qui rompe la monotonie de cette chaîne, de Moula Bou Selham à Mehdîa.

A 9 heures 25, nous rencontrons un grand douar des Riâh à la hauteur de la K'oubba de Sidi Mohammed el Ye-mâni, située, comme la précédente, dans une presqu'île dont l'isthme marécageux doit être complétement inondé dans la saison des hautes eaux. La largeur du lac diminue sensiblement et ne paraît pas dépasser cinq kilomètres.

Les collines du littoral se relèvent un peu, tout en gardant la même physionomie. La route, jusqu'alors parallèle à la mer, prend, comme la Merdja'a, une direction plus méridionale.

A 10 heures 25, nous faisons halte près de la K'oubba de Sidi'Abd er Rah'mân ben Dris. A une demi-lieue environ au N.-E., s'élève, au milieu du lac, la quadruple K'oubba de Sidi Mohammed el Mans'our, le saint-patronymique des Mnâs'ra. Au delà de la Merdja'a, vers le S.-E., on aperçoit quelques bouquets d'arbres qui indiquent le cours du Sbou.

Nous nous remettons en marche à midi. — A midi quarante-cinq, nous distinguons sur la route opposée la K'oubba du Sidi Mohammed el Mliéh'.

A 2 heures 40, nous campons près du Douar de Si Ham-

mou, sur une pointe projetée de l'O.-N.-O. à l'E.-S.-E., par
la chaîne du littoral. Le lac, à cette hauteur, n'offre guère
qu'une série de marécages reliés entre eux par un canal, dont
la courbe est déterminée par celle que décrivent les collines.

Du point élevé qu'occupe notre camp nous apercevons
le Tselfat, à 118°, la chaîne du Djebel Out'ît'a, celle du Guérouan, la forêt de Ma'moura et les montagnes escarpées des
Zemmour Chleuh'.

5 février. — Partis de Dâr Si Hammou à 7 heures, nous
passons à 7 heures 45 sous la K'oubba de Sidi Mohammed
bel Kheïr. A 9 heures, parvenus au haut des collines qui
dominent le Sbou, nous apercevons Mehdîa et l'estuaire
du fleuve. Aussi large que la Tamise à London bridge, le
Subur justifie pleinement l'épithète de *magnificus* que lui
donne Pline.

Nous suivons d'abord les escarpements de la rive droite,
couverts d'oliviers sauvages et de lentisques que dominent
quelques palmiers, puis nous descendons sur la berge
même du fleuve que nous passons en bac à la hauteur de
Mehdîa. A 9 heures 50, nous campons sur les collines de la
rive gauche, à trois cents pas de la ville.

Le nom de Mehdia, ainsi que l'a fait remarquer M. Renou,
n'apparait sur nos cartes qu'à une date assez récente. Il
n'en a pas moins complétement remplacé celui de *Ma'moura*,
aussi inconnu aujourd'hui que la désignation actuelle paraît
l'avoir été autrefois. La tradition, rapportée par Marmol,
d'après laquelle Ma'moura aurait été bâtie par Yak'oub el
Mans'our pour défendre l'entrée du Sbou, est évidemment
fausse, puisque Edrisi, dont le livre a été terminé en 1154,
c'est-à-dire sous le règne d'Abd el Moumen, nomme déjà
Mehdîa. Yakoub el Mans'our aurait donc tout au plus agrandi
Ma'moura, dont le véritable fondateur serait sans doute Abd
el Moumen : le chef de la dynastie des Almohades lui aurait
donné le nom de Mehdîa en souvenir de son maître, Ebn
Toumert *el Mehdi.* Le mot de *Ma'moura,* qui signifie la
« peuplée », ou « l'abondante », n'aurait été dans cette hy-

pothèse qu'une de ces épithètes que les Arabes se plaisent à accoler aux noms des villes, et qui aurait remplacé celui de Mehdîa.

Située sur les hauteurs escarpées. qui dominent au sud l'embouchure du Sbou, Mehdîa présente l'aspect le plus pittoresque. Au-dessous de ses vieux remparts crénelés et flanqués de tours, s'élève, sur la berge même du fleuve, une longue ligne de murs en pisé, ébréchés et crevassés par le temps, servant d'enceinte à une série de constructions inachevées qui semblent avoir formé les fondations d'une ville basse. La tradition locale prétend que ces solides assises, toutes interrompues à la même hauteur, devaient effectivement servir de base à une seconde cité. Le rectangle qui les renferme est terminé à l'ouest par une énorme tour circulaire, percée d'embrasures et contenant un puits dont l'eau suffit à la consommation de la ville.

Les défenses de la place, du côté de l'ouest, paraissent dater de l'occupation espagnole. Au sud et à l'est, comme du côté qui regarde le Sbou, la vieille enceinte mauresque n'a subi aucun remaniement. La ville n'a que deux portes; celle de l'est date du XII\ siècle ; c'est un des plus beaux monuments de l'architecture arabe que j'aie vus au Maroc. La face nord de l'enceinte est dominée par les ruines d'un palais appelé *Dâr el Kebira*, qui offre également un remarquable spécimen de l'art mauresque : la porte principale de cet édifice rappelle, par la pureté de son style et le fini des détails, celle de la Kasba de Rbat'.

Le reste de la ville, occupé par une colonie militaire de Bouakher (1), n'est qu'un amas de ruines sur lequel s'élèvent une centaine de huttes faites de décombres et de ramée. Une partie de ces *gourbis* est adossée aux remparts et les perches sur lesquelles reposent leurs toitures primitives, s'allongeant en dehors des créneaux et des meur-

______

(1) Les *Bouakher* (au singulier *Bokharï*) sont, comme on le sait, des soldats nègres qui formaient naguère encore la partie la plus solide de l'armée marocaine.

trières, forment ça et là autant de gnomons dont l'ombre se projette sur le crépi éraillé de l'enceinte.

Les habitants de Mehdîa n'en sont pas moins fiers de leurs ruines et, chose rare au Maroc, nous en ont fait les honneurs avec une complaisance marquée. Tandis que je dessinais la porte de l'est, quelques notables engagèrent avec nous une conversation archéologique dont le résultat fut de leur apprendre que le principal monument de Mehdîa était beaucoup plus ancien qu'ils ne le supposaient. La bonne nouvelle se transmit immédiatement de bouche en bouche et fit en un instant le tour de la misérable colonie nègre.

6 février. — Nous partons à sept heures quinze minutes. La route de Rbat' s'engage dans un ravin d'un aspect assez sauvage, formé d'un côté par les collines du littoral, de l'autre par les hauteurs sur lesquelles est assise Mehdîa. Le fond de cette étroite dépression est occupé par une série de marais désignés sous le nom de Dâïa Sidi Bou Ghâba. Le sentier escalade bientôt les collines de gauche et suit un ressaut de terrain exactement de niveau avec le bourrelet du littoral. La route est dominée à gauche par un escarpement couvert de chênes-lièges, d'oliviers sauvages, de lentisques et de caroubiers dont les massifs servent souvent d'embuscade aux pillards de l'intérieur, Amâr ou Beni Ah'sen.

A huit heures vinq-cinq minutes nous apercevons dans le lointain la pointe occidentale de Rbat'. Sla nous est encore caché par les hauteurs sur lesquelles nous cheminons et que nous abandonnons presque aussitôt pour descendre dans une vallée très-ouverte, ou plutôt dans une large dépression de terrain qui s'étend sur la gauche, parallèlement à la Dâïa de Sidi Bou Ghâba. De ce point jusqu'à Sla la route n'offre qu'une solitude à peine interrompue par deux ou trois Douars des 'Amâr et des Oulad S'bâïta. A mi-chemin, environ, nous rencontrons quelques ruines insignifiantes désignées par les indigènes sous le nom de *Bou Rzim* (1).

____

(1) C'est par erreur que quelques cartes nomment cette localité *Dourzim*

A quatre heures vingt-cinq minutes de Mehdîa nous atteignons l'aqueduc de Sla, dont la route traverse la construction massive sous une triple arcade; à droite et à gauche
s'étendent de fertiles vergers. Nous franchissons bientôt la
porte de la ville, et après avoir traversé Sla dans toute sa
longueur nous allons camper, au delà du Bou Ragrag et à
quelques minutes de Rbat', sous les ruines colossales de la
mosquée d'Hassan.

Je n'ai rien à ajouter aux nombreuses descriptions qui
ont été données de Rbât' et de Sla. Ces deux points ne
m'offraient, par cette raison même, qu'un intérêt relatif et
j'ai consacré tout le temps dont je pouvais disposer à ex-
plorer les ruines beaucoup moins connues de Chella, cette
nécropole des Beni Merin, si longtemps interdite aux Européens par le fanatisme musulman.

Chella, la *Sella* de Léon l'Africain, est située au sud-sud-
est de Rbât', sur les hauteurs qui dominent la rive gauche
du Bou Ragrag. Son enceinte crénelée, flanquée de tours
carrées et percée de deux portes, est presque contiguë à la
ligne extérieure des remparts de Rbât'. Elle n'offre pas plus
d'un mille de développement.

La porte du nord-ouest, défendue par deux tours hexa-
gonales à encorbellement, est le plus beau monument de
l'architecture arabe que possède le Maroc : je n'ai rien vu
de comparable ni à Maroc ni à Fès. Lorsqu'on l'a franchie,
on aperçoit à gauche, dans l'angle nord-ouest du parallélogramme allongé que forme l'enceinte, les ruines d'un vaste
édifice, probablement celles du palais d'El Mans'our (1).

Au-dessous de ces ruines et presque au centre de l'enceinte se trouvent celles de la mosquée bâtie par le même
prince (2). — Le minaret, encore debout, est remarquable
par l'élégance de ses proportions et la richesse de son or-

---

(1) J. Léon, *Afr. Descr.*, p. 253 : ... Mansor novis illud cingi mœnibus
curavit, ac in eo xenodochium cum palatio magnifico exstruxit, in quo se
ejus milites ubi videretur recipere possent.

(2) Hid..... Amplissimum item hic templum locavit.....

nementation. L'enceinte funéraire que décrit Jean-Léon (1)
est contiguë à l'un des bas-côtés de la mosquée, avec lequel elle communique par un étroit passage.

Lorsque l'auteur de la description de l'Afrique visita
cette chapelle, en 1509, elle contenait les tombeaux de
trente princes appartenant aux deux dynasties des Almohades et des Beni Merin. La plupart de ces monuments ont
disparu, brisés ou ensevelis sous les décombres de l'édifice
qui devait les abriter. Trois pierres tumulaires seulement
ont échappé à la destruction.

La première est encastrée dans le mur qui sépare la
mosquée de la chapelle funéraire. Les détails donnés par
Léon l'Africain sur la double épitaphe d'El Mans'our (2)
m'avaient fait supposer d'abord que cette plaque de marbre
était, comme l'affirment d'ailleurs les indigènes, la pierre
de chevet du tombeau du fondateur de Chella. En la dé-
chiffrant, plus tard, j'ai reconnu que cette première épitaphe était celle d'Abou Yakoub, sixième sultan de la dynastie des Beni Merin, assassiné à Tlemcen en 706. Le nom
du souverain a disparu par suite d'une mutilation qu'a
subie le marbre, mais la date, parfaitement lisible, permet
de le rétablir avec certitude.

L'inscription, gravée dans un cadre ogival, est ainsi conçue :

« Que Dieu nous protége
« Contre Satan le Lapidé !
« Au nom de Dieu clément et miséricordieux
« Que la bénédiction de Dieu soit sur notre seigneur Mohammed.
« Et sur sa famille et ses compagnons, ainsi que le salut !
« Tout est périssable sur cette terre et il n'y reste que la présence de ton
« Dieu, seul grand et miséricordieux. Ceci est le tombeau
« De notre seigneur et Maître, le Roi, le pieux, le défenseur
« De l'Islam, le Victorieux, le confesseur de la foi, l'Emir des Musulmans,
« Le soutien de la religion, le sanctifié à qui Dieu a fait miséricorde. Ebi
« Yakoub, fils de notre Maître le Roi, le Docte,
« Le défenseur de l'Islam, le Mrabet, le vertueux, l'Emir des Musulmans,
« Le soutien de la religion, le sanctifié, à qui Dieu a fait miséricorde, Ebi
« Youssef ben Abd el Hakk. Que Dieu sanctifie
« Son âme et lui rende agréable le séjour du tombeau. Il est mort en con-
« Le mercredi septième jour du mois de Dou   fessant sa foi.
« El Kaàda de l'année sept cent six. »

(1) *Descr. Africæ*, p. 253 : ..... Superbam aulam opere vermiculato
fenestrisque undique elegantissimis construi voluit.....
(2) *Descr. Africæ.*, p. 253 : ... Quod ubi sic factum est, *marmorea*

Le marbre est percé, de la septième à la douzième ligne, d'un trou circulaire creusé obliquement et assez large pour qu'on puisse y passer la main. D'après la tradition locale, ce trou servait autrefois à une sorte de jugement de Dieu : l'accusé qui ne réussissait pas à dégager sa main de l'ouverture dans laquelle il avait dû l'enfoncer jusqu'au poignet était considéré comme coupable.

Les deux autres tombes gisent dans l'enceinte même de la chapelle funéraire, et consistent en deux prismes de marbre blanc, parfaitement semblables.

La première des deux épitaphes est celle d'Abou el Hassen, dixième sultan de la dynastie des Beni Merin, mort en 752 (1351). En voici la traduction, aussi exacte que j'ai pu la faire sur un texte que le temps a fort maltraité :

« Ceci est le tombeau de notre maître le Sultan, le Khalifa, l'Imam, Émir des croyants et soutien de la religion, le combattant dans la cause du Dieu de l'univers, Ebi el Hassen, fils de notre maître le Sultan, le Kalife, l'Imam, Émir des croyants et soutien de la religion, le combattant dans la cause du Dieu de l'univers, Ebi Youssef Yakoub ben Abd el Hakk, que Dieu sanctifie son âme et éclaire son tombeau. Il est mort, que Dieu lui pardonne ses péchés et qu'il l'accepte..... dans la nuit du mardi, vingt-septième jour du mois de Rebia'el Aouel le béni de l'an sept cent cinquante-deux. Et [il a été enterré dans la Kibla de la mosquée El Mans'our de Maroc, — que Dieu la remplisse de ceux qui prononcent son nom — [et il a été transporté?] de cet endroit [dans] le tombeau béni et sanctifié de Chella. Que la miséricorde de Dieu l'accompagne et lui ouvre son paradis, et que la bénédiction de Dieu soit sur notre seigneur Mohammed et sur sa famille, ainsi que le salut. »

L'avant-dernière phrase fait sans doute allusion aux doubles funérailles qui furent célébrées en l'honneur de

tabulam illi ad caput, unam item ad pedes posuerunt in quibus varia sunt inscripta epitaphia.....

Abou el Hassen. On sait que, vaincu par son fils, Abou Aïnan, le vieux sultan s'était réfugié chez les Hintata, au sud
de Maroc. C'est là que la mort le surprit au moment où il
venait d'abdiquer. Abou Aïnan le fit d'abord enterrer à
Maroc, puis, en partant pour Fès, il emporta le corps qui
fut déposé dans le cimetière royal à Chella (1).

L'autre tombe est celle de Lella Châfia, femme d'Abou el
Hassen, morte en 750. L'épitaphe présente également des
lacunes :

« Louange à Dieu. Ceci est le tombeau de notre maîtresse,
la' noble, la pure, la prudente, la juste mère du Sultan, le
Khalifa, l'Imâm, dont la demeure resplendit de ses bellés
qualités....... dont la louange....... par les paroles et par les
écrits....... à tous ses enfants......., notre seigneur, l'Émir
des croyants, soumis à la volonté du Dieu de l'univers, Ebi
Aïnan, fils de l'Émir des croyants — Ebi el Hassen, fils des
Khalifes, des Imâms, des plus grands sages, — que Dieu le
fasse habiter dans son paradis et lui accorde le pardon et la
miséricorde. Et elle est morte dans la nuit du samedi quatrième jour du mois de Redjeb l'unique de l'année sept cent-
cinquante, et elle a été enterrée après la prière du vendredi
vingt-cinquième jour dudit mois, à côté du tombeau de
notre maître le khalife El Mans'our,....... des grands de
l'Orient et de l'Occident. Que Dieu perpétue ses jours et
élève ses œuvres magnifiques! Qu'il perpétue ses brillantes
actions et sa mémoire bienfaisante! Dieu était son maître
et son guide et l'a comblé des biens de ce monde et de ceux
de l'éternité. »

Quelques mausolées s'élèvent, en dehors de l'enceinte
funéraire de la mosquée de Yakoub el Mans'our, sur la pente
rapide que dominent les remparts de l'ouest. La plupart
tombent en ruines : une seule K'oubba est remarquable,

---

(1) *Ibn Khaldoun,* t. IV, p. 292. D'après cet historien, Abou el Hassen
serait mort le 23 de *rebia second* 752. La date donnée par l'épitaphe doit
être la vraie.

moins par son style que par le soin avec lequel elle est en-
tretenue. N'ayant eu d'autre guide que Léon l'Africain,
dans cette visite à un sanctuaire dont j'avais en quelque
sorte forcé l'entrée, je n'ai pu apprendre le nom du souverain qui y est enseveli : un soldat de mon escorte savait seulement qu'on l'appelait la tombe du « sultan noir ».

Rien de plus mélancolique et de plus charmant à la fois,
que cette solitude de Chella : le profond silence qui y règne
n'est troublé que par le murmure des sources d'eau vive, le
bruissement des grands arbres qui ombragent les sépultures
royales, et le cri des éperviers qui décrivent au-dessus des
tours démantelées leurs courbes incessantes. La nature a
repris possession de ces ruines abandonnées par l'homme
et y déploie toutes ses magnificences : la partie de l'enceinte où se trouvaient les jardins d'El Mans'our n'est plus
qu'une forêt d'orangers, de poivriers, de palmiers et d'oliviers sauvages enlacés de ronces, de lianes et de lierres.

Un peu au-dessous de la porte du sud-est, on remarque
deux 'ar'ar, beaux arbres dont la structure générale rappelle celle du pin d'Italie, mais dont le tronc, le feuillage
et le fruit ressemblent à ceux du cyprès. Ce sont les seuls
échantillons de cette essence que j'aie remarqués dans les
plaines ou sur les bas plateaux du Maroc : elle est très-
commune au contraire dans les hautes montagnes du Rif et
dans l'Atlas. Les arbres « d'une essence inconnue » qu'avait
vus Suetonius Paulinus dans son expédition, et que Pline a
décrits d'après lui, étaient vraisemblablement des 'ar'ar.

(1) V, 14. Suetonius Paulinus... primus Romanorum ducum transgressus
quoque Atlantem... prodidit de excelsitate quidem ejus quæ cœteri : imas
radices densis altisque repletas silvis *incognito genere arborum, proceri-
tatem spectabilem esse e nodi nitore. frondes cupressis similes, præterque
gravitatem odoris, tenui eas obduci lanugine.* — Tous ces traits, sauf le
dernier, que je n'ai pu constater, caractérisent parfaitement l'ar'ar dont
l'odeur, très-pénétrante, est plus agréable que celle du cyprès. Son bois
est incorruptible : j'ai vu, dans les ruines de Chella, des traverses d'ar'ar
qui datent de six siècles et n'ont nullement souffert : la surface du bois a

Les ruines de la Chella sont superposées à celle de la *Sala* de l'Itinéraire. Un éboulement de terre, survenu récemment sur le versant de la colline qui regarde le midi, a mis à découvert une série de belles voûtes, construites en pierres de grand' appareil et soutenant un *pavimentum* dont on n'aperçoit que l'épaisseur. Ces arcades voûtées, au nombre de sept, ont environ quatre mètres d'ouverture. On remarque, en outre, en dehors de l'enceinte mauresque, du côté de l'est, quelques substructions antiques et un mur construit en gros blocs, qui m'a paru appartenir à l'époque romaine. Le canal voûté d'où s'échappent les eaux d'Aïn Chella est également de construction romaine.

Les débris antiques de toute espèce, médailles, briques, fragments de statues qu'on a retrouvées à Rbat' même, prouvent que la ville romaine s'étendait de Chella jusqu'à l'embouchure du Bou Ragrag. La synonymie qu'on a établie jusqu'ici entre Sala et Chella est donc trop absolue en ce sens qu'elle est trop restreinte. Peut-être convient-il de l'étendre à Sla, dont le nom reproduit sans altération celui de la cité phénicienne. L'antique Sala aurait donc compris les deux grands centres de population qui subsistent encore aujourd'hui sur les deux rives du Bou Ragrag. Il est plus que probable, du reste, que la ville proprement dite était située sur la rive gauche et que Sla n'a succédé qu'à un faubourg. C'est ce que laisse entendre le passage de Solin, où il est dit que Sala « domine » le fleuve du même nom (1). L'expression dont se sert le géographe romain ne saurait désigner Sla, bâtie sur une plage sablonneuse : elle est parfaitement juste lorsqu'on l'applique à Rbat' et à Chella,

pris seulement la teinte d'un gris-clair brillant qu'offre également le tronc de l'arbre et que peint le mot *nitor* employé par Pline.

Nos dictionnaires identifient à tort l'ar'ar (عَرعَر) au genévrier ou au thuya. L'ar'ar n'est certainement ni l'une ni l'autre de ces deux essences.

(1) XXIV : Sala oppidum imminet Salæ flumini.

dont les collines escarpées et les falaises à pic dominent
la rive gauche du Bou Ragrag.

§ 3. — De Sla à El 'Arâïch par le bassin du Sbou.

10 Février. — Le passage d'un fleuve, au Maroc, est toujours une grosse affaire : la plus grande partie de la journée
ayant été employée à faire franchir le Bou Ragrag à notre
convoi, nous nous décidons à camper à quelques minutes
seulement de l'aqueduc de Sla, au point où la route de
Mehdîa et du littoral se sépare de celle qui conduit directement au Sbou, en coupant la lisière occidentale de la forêt
de M'amoura.

C'est cette dernière direction que nous devons prendre.
Mon but, en effet, est de retrouver la station de Thamusida,
indiquée par l'itinéraire à trente-deux milles de Sala et à
pareille distance de Banasa. Sûr de l'identité des deux
points extrêmes, il me reste à déterminer le point intermé-
diaire, et le calcul des distances m'amène à le placer
à priori sur la diagonale, parallèle au cours du Sbou, qui
relie Sidi Ali Bou Djenoun à Sla. Des renseignements indigènes me signalent précisément des ruines sur les bords du
fleuve, à quatre heures environ à l'est de Mehdîa. L'existence de ces ruines m'est d'ailleurs confirmée par notre
consul à Casablanca, M. Flesch, qui, dans une récente
reconnaissance entreprise à ma prière, a parcouru la rive
droite du Sbou, de Sidi Ali à Sla, et les a aperçues sur la
rive opposée, mais sans pouvoir les visiter. Mon programme
est donc tout tracé, mais l'exécution ne laisse pas que de
présenter des difficultés assez sérieuses. La rive gauche
du Sbou, en effet, appartient à la tribu à peu près insou-
mise des Beni Ah'sen (1) qui occupe tout le territoire compris entre le fleuve, les montagnes des Zemmour Chleuh' et
celles de Guerouan. Les Beni Ah'sen ont la réputation méritée
d'être d'incorrigibles pillards : une communauté d'intérêts

(1) La carte du Dépôt de la guerre la nomme par erreur *Beni Bassan*.

et de méfaits les unit à leurs voisins de la montagne : c'est
chez les Zemmour qu'ils se réfugient lorsque le sultan
leur demande, à de rares intervalles, un compte trop
sévère de leurs déprédations. Sauvages et inhospitaliers, les
Beni Ah'sen ne laissent pénétrer personne sur leur territoire : la route qui conduit de Sidi Kacem à Mehdîa en
longeant l'Oued Beh't, est la seule ligne qui soit, par une
convention tacite, ouverte aux officiers ou aux troupes de
l'empereur; encore cette convention n'est-elle pas toujours
observée : il y a trois mois à peine que, malgré la présence
du sultan à Rbat', le harem du premier ministre a été pillé
et égorgé par les Beni Ah'sen, et qu'un détachement de
sept cents hommes, envoyé pour punir cet attentat, a été
anéanti. L'empereur lui-même n'a pu se frayer un passage,
à cette même époque, qu'en mitraillant ses indociles sujets.

Je me suis bien gardé, en présence des difficultés que
présente une excursion chez les Beni Ah'sen, de les aug-
menter, par l'annonce de mon projet aux autorités maro-
caines, de toutes les objections que celles-ci ne manqueraient
pas de m'opposer, de tous les obstacles qu'elles cherche-
raient à y mettre dans l'intérêt même de ma sécurité, à
laquelle elles ont le devoir de veiller. J'ai bien demandé
au chérif d'Ouezzân, au moment où je quittais Tanger, une
lettre d'introduction pour les principaux chefs des Beni
Ah'sen : la lettre m'a été gracieusement envoyée, mais le
chef de l'ordre de Moula Taïeb a eu soin d'y joindre une
carabine à seize coups et je ne me suis pas mépris sur le
sens de ce cadeau essentiellement utile. En somme, je
compte un peu sur l'effet de la terrible leçon que viennent
de recevoir les Beni Ah'sen, plus encore sur la surprise et
l'hésitation que causera notre apparition inattendue, et
beaucoup sur la poignée d'hommes dévoués qui m'accom-
pagnent. M. Flesch, consul de France à Casablanca, M. Du-
cor, délégué consulaire à Rbat', m'ont amené leurs soldats
et les censaux indigènes de quelques-uns de nos négociants.

L'arrivée de mon collègue d'Italie, M. Scovasso, et du contingent armé qu'il amène, porte à quarante le nombre des fusils que nous pouvons mettre en ligne. Dans de pareilles conditions, nous pouvons, sinon lutter contre une fraction de tribu, du moins repousser un coup de main et mettre au besoin un Douar à la raison.

11 Février. — Départ à 7 heures. Nous suivons une large dépression formée, à gauche, par une ondulation de terrain qui nous sépare de la route du littoral, à droite par les hauteurs peu élevées que couronne la forêt de Ma'moura. Le pays est désert, l'eau manque; de Sla jusqu'au Sbou nous n'apercevons qu'un seul Douar, appartenant aux Oulad S'baïta et campé près de l'unique puits que l'on découvre dans toute l'étendue de ce long parcours. Le Douar est considérable, du reste, et compte près de cent tentes : les nomades, dans toute cette région, se groupent pour se défendre contre les attaques des Berbères et des Beni Ah'sen. Réunies par un rempart de fagots d'épines, les tentes forment un cercle ou un parallélogramme arrondi aux quatre angles dont le centre sert d'asile aux troupeaux pendant la nuit. Un fossé extérieur et un blindage d'épines appliqué à la partie de chaque tente qui regarde la campagne, achèvent de faire du Douar un véritable camp retranché.

A onze heures cinq minutes nous atteignons la lisière de la forêt que nous longeons pendant un quart d'heure.

A onze heures trente-cinq minutes nous traversons un marais ou plutôt une série de marais qui vont se perdre dans le Sbou et portent le nom de Bir er Râmi, « le puits du tireur ».

A midi et cinq minutes nous touchons à la grande boucle que forme le Sbou en contournant le massif des collines de Mehdîa.

A midi quarante minutes, nous remarquons sur les bords du fleuve les restes d'une ancienne forteresse arabe, bâtie en pisé. Les indigènes lui donnent le nom de El A'mira.

Un quart d'heure après nous faisons halte à El K'nit'ra, près d'un pont ruiné jeté sur l'Oued el Foouarat, affluent du Sbou, à une centaine de pas du fleuve et à une demi-portée de fusil d'un douar des Beni Ah'sen.

En l'absence du Kaïd, Si Djilali, je fais donner communication à son fils de la lettre du chérif d'Ouezzàn et, sans attendre des offres d'hospitalité qu'on ne paraît pas pressé de nous faire, nous nous installons dans l'angle formé par l'Oued el Foouarat et le Sbou. Le fils du Kaïd se décide à nous apporter une *mouna* (1) assez maigre, en s'excusant sur la dureté des temps. Il nous avertit, en même temps, que l'endroit est dangereux et nous invite à camper plus près de son Douar. Mais nos tentes sont déjà dressées et nous nous bornons à redoubler de surveillance. La nuit s'écoule sans autre incident qu'une razzia exécutée par les Zemmour sur les bœufs de K'nit'ra, à trois cents pas de notre campement.

12 *Février*. — Départ à sept heures. Direction générale E. N.-E. Le sentier que nous suivons longe le Sbou ou s'en éloigne tour à tour, en formant une tangente aux méandres du fleuve. Nous apercevons toujours à notre droite les hauteurs boisées de cette forêt de Ma'moura que nos cartes représentent, d'une façon beaucoup trop absolue, comme un immense fourré marécageux.

A neuf heures dix minutes nous arrivons aux ruines qu'on m'a signalées et qui portent le nom de Sidi Ali ben H'amed. Ce sont bien celles d'une station romaine, et ce sont bien aussi celles de cette Thamusida, restée jusqu'ici inconnue, uisque nos guides affirment que nous sommes à mi-chemin, en droite ligne, de Sala et de Sidi Ali Bou Djenoun, et puisque la distance de sept heures et demie de marche qui nous sépare du premier de ces deux points représente exac-

---

(1) On donne le nom de *mouna*, au Maroc, aux provisions fournies par la tribu à ses hôtes. C'est l'équivalent de la *diffa* algérienne.

tement, dans les circonstances où nous l'avons parcourue, les trente milles de l'Itinéraire.

Thamusida s'étendait sur un plateau incliné en pente douce, du nord au sud, veis la Subur, et dont la base est baignée par le fleuve. De la vile antique il ne reste aujourd'hui que l'enceinte, flanquée de tours et construite dans le même appareil que les murailles romaines de Lixus, d'Ad Mercuri, de Frigidæ et de Banasa. Bien que fort mutilée au nord et à l'est, elle est assez reconnaissable, cependant pour qu'on puisse la suivre dans tout son périmètre. Elle présente l'aspect d'un parallélogramme modifié par un pan coupé à l'angle sud-est. L'angle sud-ouest est flanqué d'un rectangle d'une centaine de mètres, comprenant la partie la plus élevée du plateau et représentant sans doute le *castrum*. C'est sur ce tertre que s'élève la K'oubba de Sidi Ali ben H'amed.

Le développement total de l'enceinte est de quinze à seize cents mètres. Le front méridional en a quatre cents, en y comprenant le *castrum* dont j'ai parlé. Le front opposé, long de 360 mètres, est parallèle au Sbou et plonge en partie dans la berge : sur d'autres points la berge s'éloigne du rempart, et offre les vestiges d'un quai bâti en pierre de grand appareil. L'area de la cité antique, cultivé par les Beni Ah'sen qui campent dans le voisinage, n'offre plus aucun débris appréciable, mais les indigènes y trouvent toujours, à l'époque des labours, des médailles et des fragments de briques et de poteries.

A 200 mètres de l'angle nord-est de l'enceinte on remarque, sur les bords du Sbou, quelques vestiges d'un pont antique. L'Ah'snaoui qui me sert de cicerone m'affirme que la ligne des décombres se prolonge dans toute la largeur du fleuve. La voie romaine franchissait donc le Subur sur ce point pour éviter les profonds marais que l'Oued Beh't, au dire de nos guides, forme sur la rive gauche du fleuve, à deux heures environ, au-dessus de Sidi Ali ben H'amed.

L'obstacle qu'on me signale étant infranchissable dans
la saison où nous sommes, je renonce d'autant plus volontiers à continuer l'exploration de la rive gauche du Sbou,
que le tracé de la voie antique doit se retrouver plus vraisemblablement sur la rive opposée. Nous passons le fleuve
au bac de Tigoumit, à une demi-heure à l'est de Sidi Ali
ben H'amed, et nous campons à 45 minutes du fleuve, près
d'un Douar des Mnas'ra.

13 février. — Nous rejoignons à quelques minutes de
notre campement la route qui conduit de Mehdîa à Ksar
el Kebir. Beaucoup plus frequentée que celle du littoral,
elle traverse, presque en droite ligne, de Gh'faïra à Sidi Ali
Bou Djenoun, les plaines fertiles et peuplées du Sbou. A
notre gauche nous apercevons la ligne des K'oubbas qui
marquent, de distance en distance, la rive orientale du
lac de Râs ed Doura : à notre droite quelques bouquets
d'arbres indiquent le cours sinueux du Sbou, dont la route
touche les courbes à intervalles presque réguliers.

Partis à 9 heures 45, nous rencontrons le premier méan-
dre du fleuve à 10 heures 30; le second à 11 heures.
A 11 heures 30, nous faisons halte jusqu'à une heure sous
la K'oubba de Sidi Mohammed el Mlieh'. Le terrain présente
de légères ondulations qui déterminent une courbe plus
accentuée du Sbou : nous ne retrouvons le fleuve qu'à
3 heures, au H'ad des Oulad Djelloul. A ce point, on remarque sur la berge les vestiges d'un pont antique : la
voie romaine devait repasser sur la rive gauche pour gagner
plus directement Banasa, située sur cette même rive. La
boucle dessinée par le Sbou porte le nom d'*El Khaloua*,
« la solitaire ». On nous y signale des ruines désignées par
les indigènes sous le nom de *Dâr en Nesrâni*, « la maison
du chrétien ». Nous passons le fleuve dans une *Ma'adia* (1),
espèce de barque en roseaux dont je ne puis donner une idée
plus exacte qu'en la comparant à la moitié antérieure d'une

____

(1) مَعْدِيَة du radical عَدَا « passer ».

gondole qu'on aurait coupée par le milieu. Dâr en Nesrâni est effectivement une construction romaine dont il ne reste que les massifs en blocage : le revêtement de pierres de taille a été enlevé par les indigènes.

Nous campons près d'un groupe de douars, à cinquante minutes d'El H'ad.

A une demi-heure à l'ouest de notre campement s'allonge du N.-E. au S.-O, la Merdja'a du Gharb dont j'ai déjà parlé. Nous essayons vainement, tout en tirant des bécassines, de percer l'épaisse ligne de roseaux qui la masque : nous ne sortons qu'à grand'peine du dédale de fondrières où nous nous sommes engagés. La nappe d'eau est en général peu profonde, mais les vases qu'elle recouvre forment un terrain des plus dangereux. J'ai déjà dit que la Merdja'a du Gharb reçoit l'oued Mda et communique elle-même avec le lac de Râs ed Doura dont elle forme en quelque sorte l'avant-bassin. Le fond de la dépression qu'elle occupe paraît à peu près de niveau avec le lit du Sbou dont les berges à pic n'ont pas moins de dix à douze mètres de hauteur. Il n'existe toutefois aucune communication apparente entre le fleuve et le marais.

14 février. — Départ à 9 heures 15. La direction de la route varie de 70° à 90° : nous marchons alternativement sur le S'ars'ar et sur le Djebel K'ort. A 11 heures 5 minutes nous retrouvons le Sbou à Sidi 'Aïssa. A 11 heures 35, nouvelle courbe. A midi nous touchons encore au fleuve, au Tlata de Sidi Mohammed ben Brahim.

A midi et demi nous le rencontrons une quatrième fois. Nous campons à quinze minutes plus loin, sur les bords mêmes du Sbou dont les berges présentent un escarpement à pic de quinze à seize mètres.

15 février. — J'emploie la matinée à revoir, à Sidi Ali Bou Djenoun, les ruines de Banasa que j'avais déjà explorées en novembre 1871. Malheureusement le temps est très-couvert et ne me permet de relever que les deux points culminants du Tselfat et du Djebel Kort. Le S'ars'ar et

toute la ligne des collines du Gharb sont cachés par le brouillard.

De retour à midi sur la rive droite du Sbou, nous l'abandonnons pour prendre au nord la direction d'El'Arâïch.

A midi 25 et à midi 35 nous passons deux *Khlidj*, presque à sec, parallèles au cours du Sbou et qui paraissent être deux affluents de la Merdja'a du Gharb. Le premier de ces canaux m'est désigné sous le nom de *Madagh* (1); le second sous celui de *Heraher*.

A deux heures nous passons l'Oued Mda.

A trois heures cinq minutes nous atteignons Aïn Ksab où nous devons camper. Sidi Bou Djenoun reste à 192°.

Aïn K's'ab est un groupe de douars appartenant à une colonie de Bouakh'r et situé au pied même de la longue ligne de collines qui forme, de Had K'ort à Dâr el Khrici, le premier gradin du plateau du Gharb.

16 février. — Départ à 8 heures. Après avoir gravi la colline au pied de laquelle se trouve Aïn K's'ab, nous longeons le ravin d'Aïn Skhoun qui s'élargit bientôt et débouche dans la vallée de l'Oued Drader.

A 8 heures 20 nous laissons à 3 kilomètres environ sur la droite la K'oubba de Lella Mîmouna Taguenaout (2) près de laquelle se tient, chaque mercredi, *el Arbâa*, le marché le plus fréquenté du Gharb.

A 8 heures 45 nous franchissons l'Oued Drader dont nous remontons le cours jusqu'à 10 heures ¹/₄. L'Oued Drader qui se jette, comme je l'ai déjà dit, dans la lagune de Moula Bou Selham, prend sa source dans la petite chaîne d'El Haouâoura et d'El Aouidet, qui sépare son bassin de ceux du Loakkos au nord, et de l'Oued Ma el Berda au nord-est.

Nous campons à la hauteur et à l'est de Soueïr d'où nous regagnons, le lendemain, la route qui relie ce dernier point à El'Arâïch.

(1) Corruption du mot berbère : آكَابَاكْ forêt?

(2) Telle est la forme exacte de ce nom que nos cartes écrivent Tagnànt

§ 4. — D'El 'Arâich à Tanger par Azila.

Nous nous dirigeons par El Khmis et Aïn K'at'a sur Sidi el Yemâni.

En sortant d'El Khmis la route d'El'Arâich à Tanger traverse, jusqu'au Dchar d'Aïn K'at'a, la grande forêt de chênes-liéges qui s'étend au sud-est jusqu'à Tlata Raïçana. — D'Aïn K'at'a elle gagne, à travers la large vallée de Fahs er Rih'ân, les hauteurs de Sidi el Yemani, point culminant du grand plateau de Tanger. On ne trouve, sur ce parcours, que des douars. A une demi-heure d'Aïn K'at'a, on passe sous une colline allongée, couverte d'oliviers sauvages qui lui ont fait donner le nom de *Zeïtoun Oulad ben Hellâl*. Couronnée par un certain nombre de tombes de marabouts, cette colline sert de cimetière aux douars des environs. J'y ai remarqué, sur une assez grande étendue, des débris de poterie et de tuiles antiques, ainsi que des substructions qui ont évidemment appartenu soit à un bourg romain, soit à une grande *Villa*.

Des vestiges antiques plus considérables encore existent à Lella Djilaliya, sur les bords de l'Oued el Sebt, à quarante cinq minutes nord-nord-est de Zeitoun Oulad ben Hellâl, et à cinquante-cinq sud-ouest de Sidi el Yemani. Ces ruines représentent évidemment la station de *Tabernœ*, placée par l'itinéraire à 14 milles de Zilis et à 16 de Lixus.

Nous abandonnons à Sidi el Yemani la grande route de K's'ar el Kebir à Tanger, pour nous diriger sur Azîla et le littoral.

Partis à 7 heures nous atteignons Houmar à 8 heures 25 minutes. A 8 heures 40 minutes nous franchissons, près des débris d'un pont romain, l'Oued Touareus es Sahel qui prend un peu plus bas, après sa jonction avec l'Oued er R'ha, le nom d'Oued el Halou. Parvenus sur les hauteurs qui dominent sa rive gauche nous ne tardons pas à découvrir la petite ville d'Azîla pittoresquement assise entre les sables du rivage et la verte ceinture que forment ses riches vergers.

Les indigènes lui donnent indifféremment les deux noms d'*Azîla* ou *Arzîla*. La seconde de ces deux dénominations est celle que nous troûvons dans Léon et Marmol. La première est plus ancienne et se trouve dans Edrisi qui donne également la forme *Açîlœ* exclusivement employée par El Bekri et oubliée aujourd'hui. Le nom d'*Azîlâ*, forme berbère du nom antique *Zilis* ou *Zilia*, me paraît le plus conforme à l'étymologie et par conséquent le plus correct.

Occupée par les Arabes l'an 94 de l'hégire (712), Azîla aurait été prise d'assaut et complétement détruite deux siècles plus tard, au dire de Léon l'Africain, par des pirates normands. Le récit de Léon, toutefois, est en contradiction avec les détails circonstanciés que donne El Bekri sur cette période de l'histoire d'Azîla. L'expédition des Normands, d'après le géographe arabe, aurait eu lieu en 229 (843-844 de notre ère) et se serait bornée à une double descente qui n'aurait même pas eu un caractère hostile. L'apparition des hommes du Nord aurait déterminé cependant les indigènes à construire à Azîla un *Ribat* ou fort, défendu par une garnison qui se renouvelait périodiquement, puis à entourer la ville elle-même de murailles.

L'enceinte actuelle d'Azîla forme un parallélogramme à peu près régulier, mesurant 385 pas du N. au S., sur 260 de l'E. à l'O. Le château, flanqué de deux grosses tours polygonales, prolonge la face orientale de l'enceinte et couvre la moitié de la face septentrionale. Deux portes seulement donnent accès dans la ville : l'une s'ouvre dans le rempart du nord, au pied du donjon carré qui domine l'angle S. O. du château; l'autre sur la face orientale de l'enceinte, à égale distance de la tour ronde qui forme l'angle S. E. de la ville et de la tour polygonale qui flanque l'angle N. E. du château. On peut supposer, d'après la régularité de ces dispositions, que l'enceinte et le château ont la même date et remontent par conséquent à l'époque de la reconstruction des remparts d'Azîla par El Kassem Ibn Idris Ibn Idris. Les tours n'ont subi que les modifications nécessitées plus tard par l'emploi de l'artillerie. Les grandes fenêtres du donjon portent également la trace de remaniements postérieurs : les détails mutilés de leurs baies appartiennent au style ogival flamboyant. Celle de ces fenêtres qui regarde la mer rappelle un émouvant épisode du siége de 1508, raconté par Marmol. La ville était depuis trois jours au pouvoir des Maures et la garnison portugaise, renfermée dans le château, était réduite à la dernière extrémité lorsque arriva la flotte de secours commandée par D. Juan de Menesez. Voulant s'assurer si le château tenait encore, l'amiral envoya une barque montée par deux hommes dévoués, « pour voir si par signe ou en criant on n'en pourrait rien découvrir. Ils eurent assez de peine à passer parce qu'on tirait sur eux de la batterie qui était à l'une des portes ; mais à la fin ils s'approchèrent tant qu'il virent une fenêtre ouverte en l'appartement du Comte, avec un estendard où étaient les armes de Portugal, et une femme toute échevelée qui mit la teste dehors, avec un enfant entre ses bras, et cria : Portugal, Portugal! » D. Juan de Menesez jeta alors dans la place un secours de deux cents hommes, qui permit aux assiégés d'attendre l'arrivée de l'armée navale de Castille dont l'apparition détermina le roi de Fès à lever le siége.

La population d'Azîla est à peine aujourd'hui de douze cents âmes. Le port, aux trois quarts ensablé par suite de la destruction de la digue qui le protégeait, n'abrite plus que quelques misérables barques de pêche.

Nous suivons, d'Azîla à Tanger, la route du littoral. Abandonnée aujourd'hui par suite des difficultés que présente le passage du Tahaddart, elle paraît avoir été, au temps d'El Bekri qui la décrit très-exactement, la voie de communication la plus fréquentée.

« En partant d'Acila, » dit el Bekri, « on rencontre

d'abord la rivière du même nom. On la passe à gué, puis
on remarque une mosquée située à droite de la route. Plus
loin, on passe à gué la rivière de *Nebroch*. Le bourg qui
porte ce nom est situé à un demi-mille de la mer et appartient à des Louata : il est florissant, bien peuplé, riche en
fruits et en sources. On parcourt ensuite une plage sablonneuse jusqu'à une grande rivière que l'on traverse dans un
bac; sur le bord dé cette rivière, on voit un village grand et
prospère qui est habité par les gens de Tahedart et qui
possède une saline. »

L'oued Acila d'el Bekri est l'oued el Halou qui débouche
dans la mer à un quart d'heure au nord d'Azîla et qu'on
traverse aisément à gué, même en hiver, en suivant le large
banc de sable que forme la barre. La mosquée n'existe plus.
Elle était probablement située sur les collines qui dominent
la plage à la hauteur de la K'oubba de Sidi Mohammed ez-
Zoouâk'. La rivière de Nebroch représente le cours inférieur
de l'oued el 'Aïacha qui prend, ainsi que je l'ai déjà dit, le
nom d'Oued el Ak'ouès à partir du Mechrâa el Ghrifa, et
qu'on rencontre à quarante-cinq minutes de l'oued el Halou.
Profond et très-rapide, l'Oued el Ak'ouès n'est guéable qu'à
marée basse et à la barre.

Quelques monceaux de décombres, les vestiges d'un mur
d'enceinte et une plate-forme rectangulaire construite en
pierres énormes marquent, sur les hauteurs de Dar Sidi ech
Cherif Mohammed el 'Ac'iri qui dominent l'embouchure du
fleuve, l'emplacement de Nebroch dont le nom est complétement oublié aujourd'hui. La tradition locale sait seulement
que ces ruines sont celles d'une ville fondée « par les Maures
d'Andalousie ».

Le port de Nebroch était situé à l'embouchure même de
l'Oued el Ak'ouès, et devait avoir une certaine importance
à en juger par les masses de blocage qui encombrent la rive
droite du fleuve, et les débris de murailles qu'on remarque
sur les bords de la mer. Un aqueduc assez bien conservé,

auquel les indigènes donnent plus particulièrement le nom d'*El Ak'ouès* « les arceaux », étendu par l'usage à toute cette partie du littoral, approvisionnait d'eau douce le faubourg maritime de Nebroch.

On compte une heure de l'embouchure de l'Oued el Akouès à celle du Tahaddart. La plage sablonneuse dont parle El Bekri est dominée, à droite, par les collines d'Abriech qui séparent le bassin des deux fleuves.

Le Tahaddart, ainsi que je l'ai déjà constaté, est le vaste et profond estuaire par lequel le Mharhar et l'Oued el Kharroub, — le *Mechra el Hachef* de nos cartes — se déchargent dans l'Océan. A marée haute, lorsque le flot, couvrant le banc de sable qui s'est formé à son embouchure, inonde à une grande distance les bas-fonds qui forment le cours inférieur de ces deux fleuves, le Tahaddart offre l'aspect d'un véritable bras de mer. A marée basse le chenal présente encore une largeur moyenne de 300 mètres. Dans la saison des pluies tout ce bassin ne forme plus qu'une vaste lagune limitée par les hauteurs de la Gharbia et de Ghellaïa, et par les dunes d'Abriech, de Briedj et d'El Haouâra.

Le village de Tahedart dont parle El Bekri n'existe plus. Quelques ruines perdues dans des fourrés de lentisques et de tamarix, sont tout ce qui reste de ce centre de population, si florissant autrefois.

J'ajouterai que les indigènes n'ont gardé aucun souvenir du nom d'*Al Madrones*, donné par d'anciennes cartes à la localité qui porte aujourd'hui, comme au temps d'El Bekri, le nom berbère de Tahaddart. Cette dénomination d'Al Madrones me paraît faire partie du vocabulaire géographique hispano-juif qui a défiguré tant de noms de localités au Maroc.

Nous franchissons le Tahaddart au moyen d'un canot que j'avais eu soin de faire venir de Tanger. Nos montures passent à la nage.

Nous continuons à longer la plage du sud au nord, dans

la direction du cap Spartel dont la masse imposante se dessine à l'horizon, et nous laissons à notre droite les grandes dunes isolées de Briedj et d'El Haouara. Au delà de cette dernière hauteur un simple cordon littoral, formé de dunes très-basses, sépare la plage d'une série de marais qui communiquent avec le Mharhar et représentent vraisemblablement un ancien estuaire de ce fleuve.

Un peu plus loin nous apercevons, au delà de ces mêmes dunes, le lac d'eau douce de deux cents coudées dont parle El Bekri, et le rocher qui le domine au sud. Le lac, que le géographe arabe ne nomme pas, s'appelle aujourd'hui *Dâïat es Skhira;* la colline rocheuse qui s'élève à la pointe méridionale de cette nappe d'eau fait partie du plateau de Cherf-el-Akab. Une belle forêt de chênes-liéges couvre les bords de la Daïat es Skhira et s'étend jusqu'à l'Oued Bou Ghaddou dont le lit marécageux n'est guéable qu'à la barre. Au delà de l'Oued Bou Ghaddou, en continuant à longer la plage, on aperçoit successivement à droite les collines boisées de Souïar et de H'adjeriin et le petit lac de Sidi K'acem encadré entre ces hauteurs et le double mamelon d'Amriès. On franchit ensuite l'Oued bou Khalf, dominé par la colline arrondie et assez élevée de Djebila. A cette hauteur la plage est fermée par le *Ras Achak'kâr,* falaise décrite par El Bekri et qui fait déjà partie de la chaîne du cap Spartel. Le village Sanhadjien de Kagmariya, que le géographe arabe place non loin de là, a disparu comme celui de Tahaddart, mais les carrières du Râs Achak'kâr sont encore en pleine exploitation et approvisionnent de meules de moulin toute la province de Tanger. Elles appartiennent aujourd'hui aux habitants de Mediouna, gros village berbère situé sur les pentes méridionales du massif du cap Spartel.

« De Kagmariya », dit el Bekri, « on arrive à Ichbertal, montagne qui avance dans la mer, mais qui fait partie de la terre ferme. On y trouve des sources d'eau douce et une mosquée qui sert aussi de *Ribat...* D'Ichbertal on passe ensuite à un endroit nommé el Kala, puis on arrive à Tanger. »

Les ruines de la mosquée d'Ichbertal existaient encore, à la pointe du cap Spartel, à l'époque où l'on a construit le phare. El Kala a disparu sans laisser ni traces matérielles ni souvenir, comme tant d'autres localités citées par les géographes arabes du moyen âge et dont les noms mêmes sont tombés dans l'oubli.

La contrée que nous venons de parcourir avec el Bekri, à partir d'Azîla, est plus intéressante encore au point de vue de la géographie ancienne. Très-minutieusement décrite par Scylax, toute cette partie du littoral nous était restée à peu près inconnue jusqu'ici, et les synonymies qu'on avait proposées s'étaient ressenties de cette absence de renseignements exacts. J'essaierai de la rétablir.

Le nom d'*Hermœum promontorium*, donné au cap Spartel par la carte de l'Afrique ancienne dressée au Dépôt de la guerre en 1864, semble assez difficile à justifier. Le promontoire qui forme l'extrémité occidentale de la rive africaine du détroit était désigné par les Grecs tantôt sous le nom d'Ἀμπελουσία, « le cap des Vignes », tantôt sous celui de Κώτης que lui donnaient les indigènes et dont la signification, ainsi que nous l'apprend Mela, était la même. Les Romains paraissent avoir adopté cette dernière dénomination. Aucun document de l'époque romaine, du moins, ne nous en fait connaître une autre.

Cette qualification d'*Hermœum promontorium* ne s'explique donc que par une fausse interprétation d'un passage de Scylax. La première pointe que nomme l'auteur du Périple, à partir des colonnes d'Hercule, c'est-à-dire de Calpé et d'Abyla, est désignée par lui sous le nom d'Ἑρμαία ἄκρα. En partant de cette idée, assez naturelle d'ailleurs, que le géographe de Caryande n'avait pu passer sous silence un accident de terrain aussi remarquable que le cap Spartel, on a cru pouvoir conclure à l'identité de ce dernier point et de l'Ἑρμαία ἄκρα du Périple. Une étude attentive du texte de Scylax ne permet pas, toutefois, de s'arrêter à cette hypothèse, aussi inconciliable avec la distance indiquée par le portulan grec *entre les colonnes et la pointe d'Hermès* qu'avec les détails topographiques que donne le même document sur toute cette partie de la côte. Scylax, en effet, évalue à deux journées de navigation l'intervalle compris entre les colonnes d'Hercule et l'Ἑρμαία ἄκρα. Or le cap Spartel n'est qu'à 330 stades ou moins d'une journée de navigation de la pointe d'Abyla. Le Périple, d'autre part, en décrivant la région comprise dans ce même intervalle, y place un lac qu'il est impossible de retrouver entre Abyla et le cap Spartel. De Ceuta jusqu'au cap, la côte n'offre qu'une muraille de rochers; elle ne s'ouvre qu'au fond du golfe de Tanger dont les parties planes ne sauraient représenter, d'ailleurs, le lac du Périple : l'examen géologique du terrain ne permet pas d'admettre qu'il ait existé, dans cette dépression, soit un lac profond, soit un marais constamment rempli.

Si étrange donc que puisse paraître l'omission du cap Spartel dans le texte du Périple, nous ne pouvons que la constater, et c'est en rapprochant la description de Scylax des détails topographiques que nous avons précédemment donnés, que nous pouvons arriver à déterminer la véritable synonymie de l'Ἑρμαία ἄκρα.

« Après les colonnes d'Hercule », dit Scylax, « celui qui navigue dans la mer extérieure, ayant la Libye à sa gauche rencontre un grand golfe qui s'étend jusqu'à la pointe d'Hermès; car il y a là aussi une pointe d'Hermès. Au milieu du golfe sont un lieu et une ville du nom de Pontion. Un grand lac s'étend près de la ville, et dans ce lac il y a un grand nombre d'îles. Sur les bords du lac croissent le roseau, le souchet (κύπαιρος), la pimprenelle (φλέως) et le jonc. On voit là les oiseaux méléagrides qu'on ne trouve pas dans d'autres contrées à moins qu'ils n'y aient été transportés de ce même point. Ce lac est appelé *Céphisias* et le golfe *Cotès*.

Il est situé entre les colonnes d'Hercule et la pointe d'Hermès. De ce promontoire d'Hermès s'étendent de grands rochers (ἔρματα) qui vont de la côte de Libye à la côte d'Europe. Ces rochers n'apparaissent pas au-dessus de l'eau; la mer y brise en quelques endroits. Cette chaîne de roches sous-marines s'étend vers un autre cap d'Europe situé vis-à-vis et qu'on nomme le promontoire sacré. »

« Après la pointe d'Hermès il y a un fleuve appelé *Anidès* : il débouche dans un grand lac. Après l'Anidès il y a un autre grand fleuve, le Lixos, et la ville phénicienne de Lixos. »

La topographie de la partie du littoral comprise entre le cap Spartel et Lixus présente donc, d'après le Périple, les traits suivants :

1° Un grand golfe s'étendant jusqu'à la pointe d'Hermès;

2° Au milieu de ce golfe une ville;

3° Près de cette ville un grand lac avec des îles nombreuses;

4° Un promontoire (la pointe d'Hermès) caractérisé par une igne d'écueils sous-marins reliant la Libye au promontoire sacré (cap Saint-Vincent);

5° Un fleuve, l'Anidès, débouchant dans un autre grand lac;

6° Un autre grand fleuve, le Lixos.

Empruntée, selon toute apparence, à des documents gaditains, toute cette partie du Périple porte en elle-même un caractère d'exactitude auquel la critique n'aurait pas dû se méprendre. A une seule exception près, cependant, tous les auteurs qui se sont occupés de la géographie comparée du Maroc n'ont pas tenu compte du texte de Scylax ou l'ont accusé d'erreur.

L'erreur, ainsi que l'avait déjà soupçonné M. Vivien de Saint-Martin, est du côté des commentateurs qui ne se sont pas assez défiés de l'insuffisance de nos notions sur une région que l'antiquité connaissait mieux que nous. Comme tous les explorateurs qui l'avaient précédé, Barth ne connaissait qu'un seul grand lac sur la côte marocaine, la Merdja'a de Ras ed Doura : il l'a considéré comme l'équivalent du lac Céphisias, sans se préoccuper de l'impossibilité de concilier cette synonymie avec les données du Périple, et tout particulièrement avec l'indication formelle qui place le lac Céphisias au nord du Lixus, tandis que la Merdja'a de Ras ed Doura est au sud de ce même fleuve. L'hypothèse erronée du voyageur allemand est devenue un article de foi, comme tant d'autres identifications irréfléchies, et lorsque le savant commentateur des *Geographi Græci minores* s'est trouvé en présence de l'ensemble d'un texte qui la condamnait, il a préféré condamner le texte. Le lac Céphisias restant, pour M. Ch. Müller comme pour Barth et pour Movers, la Merdja'a de Ras ed Doura, le golfe de Cotès devient nécessairement le *Sinus Emporicus*, l'Anidès est confondu avec l'Anatis de Polybe, Pontion est identifiée à la Thymiaterium d'Hannon, le Promontoire d'Hermès est rapporté, au-dessous de Rbat, à l'Oued Jekkem, où il n'existe aucun promontoire, et comme toutes ces transpositions sont inconciliables avec le document antique, c'est ce même document que M. Müller accuse de transposition (1).

Repoussant des synonymies jusqu'alors aussi unanimement qu'aveuglément acceptées, M. Vivien de Saint-Martin a été le premier à exprimer la conviction qu'une étude plus approfondie des localités ferait retrouver le lac Céphisias et la pointe d'Hermès là-même où le Périple les indique, c'est-à-dire au nord de Lixus. Les détails que j'ai donnés sur cette partie du littoral paraîtront sans doute justifier les prévisions de notre savant confrère.

Le golfe de Cotès commençait au promontoire qui portait le même nom. Cette désignation commune pouvait déjà

____

(1) *Geogr. græc. min.*, p. 91 : « In hoc capite duos fontes auctor noster temere miscuisse videtur. »

faire pressentir que le κόλκος μέγας du Périple était contigu
au cap Spartel; la concordance des autres détails donnés
par le document grec avec la configuration de la côte ne
laisse aucun doute à cet égard. Le golfe est représenté par
la double courbe que décrit le littoral entre le Ras Achakkar
et la pointe d'El Akouès.

L'*Hermœa Akra,* qui limitait au sud le golfe de Cotès, cor-
respond à cette même pointe. M. Vivien de Saint-Martin
avait déjà fait observer que le nom de la divinité à laquelle
était consacré, le promontoire d'Hermès se retrouvait dans
celui de la station voisine d'*Ad Mercuri.* Nous avons vu
que les ruines de cette ville romaine couvrent le plateau de
Had el Gharbia dont la pointe d'El Akouès n'est que le prolongement. L'hydrographie moderne ne signale pas, il est
vrai, la ligne d'écueils sous-marins dont parle Scylax; mais
toute cette côte a subi, comme l'embouchure du détroit, de
profonds changements depuis l'époque historique : la grande
lame du large la battant avec violence, et minant rapide-
ment les roches friables dont elle est formée, des modifications très-appréciables s'y opèrent d'une année à l'autre. Il
n'est donc pas étonnant que la ligne d'écueils signalée par le
Périple ait disparu sous l'action destructive des flots; quant
à son existence même à l'époque ancienne, je ne vois aucune
raison de la mettre en doute : l'assertion de Scylax paraît
au contraire justifiée par l'aspect du terrain : on remarque
notamment sur le plateau de Ghellaïat une série de couches
rocheuses parallèles, orientées du S.-E. au N.-O., dont le
prolongement sous les flots explique tout à la fois les
ἕρμαλα du Périple et la direction que ce document leur assigne.

La localité habitée que Scylax désigne sous le nom de
Pontion est vraisemblablement le massif des collines d'El
Mriès, d'Hadjeriin et du plateau de Cherf el Akab, baigné
par la mer et par les marais de l'intérieur. Les tombes mé-
galithiques que j'y ai trouvées en assez grand nombre indi-

quent l'existence d'un centre de population très-ancien.

Le lac qui s'étendait près de là est évidemment le vaste bassin, encore partiellement inondé, que traverse le cours inférieur du Mharhar. Le périmètre du lac Céphisias peut être approximativement déterminé par une ligne qui suivrait les escarpements de Cherf el Akab, la terrasse peu élevée, mais très-nettement dessinée, qui s'étend de ces escarpements au Mharhar, les contre-forts détachés des collines de Safet el Hamam et de Seguedla, les hauteurs de Dar Aklaôu et de Ghellaïat, le plateau d'El Gharbia, et enfin la pointe d'El Akouès. Le lac Céphisias devait avoir, du reste, le double caractère de Λίμνη et de Λιμνοθάλασσα que présentent encore ces bas-fonds : le bassin de Kaá ed Rmel est une véritable lagune dont les bords n'offrent, en fait de végétation, que des salsolacées et autres plantes congénères, tandis qu'on retrouve dans les marais de Cherf el Akab et d'Aïn Tcherioua ce luxe de plantes aquatiques que signale le Périple.

Les synonymies que nous proposons pour le golfe de Cotès et le lac Céphisias permettent d'identifier l'Anidès à l'Oued el Aïacha, seul cours d'eau de quelque importance qu'on rencontre entre la pointe d'El Akouès et le bassin du Loukkos. Le grand lac dans lequel se jetait l'Anidès serait représenté aujourd'hui par les marais au milieu desquels serpente aujourd'hui l'Oued el Akouès. Il est permis de supposer que toute cette vallée ne formait à l'époque du Périple, qu'un bassin inondé auquel a pu s'appliquer justement le nom de λίμνη μεγάλη. Les alluvions du fleuve ont peu à peu comblé l'estuaire et transformé la lagune en marécage.